COZINHANDO COM Frutas

Copyright© DVS Editora 2013

Todos os direitos para a língua portuguesa reservados pela editora.

Nenhuma parte dessa publicação poderá ser reproduzida, guardada pelo sistema "retrieval" ou transmitida de qualquer modo ou por qualquer outro meio, seja este eletrônico, mecânico, de fotocópia, de gravação, ou outros, sem prévia autorização, por escrito, da editora.

Fotos: Artur Bragança
Nutricionista: Liliane B. Teixeira
Produção: Marly Arnaud
Assistente de Produção: Lúcia Pereira
Projeto Gráfico e Diagramação: Spazio Publicidade e Propaganda - Grasiela Gonzaga
Apoio: **Loja Oren** - www.oren.com.br
La Grande Maison - www.shopcozinha.com.br
Loja Artmix - www.artmix.com.br

```
Teixeira, Aldo
   Cozinhando com frutas / Aldo Teixeira ; fotos
Artur Bragança. -- São Paulo : DVS Editora,
2013.

   ISBN 978-85-8289-008-0

   1. Culinária 2. Culinária (Frutas) I. Bragança,
Artur . II. Título.
```

13-05647   CDD-641.64

Índices para catálogo sistemático:

1. Culinária : Frutas : Economia doméstica
       641.64

RECEITAS
ALDO TEIXEIRA

FOTOS
ARTUR BRAGANÇA

COZINHANDO com Frutas

www.dvseditora.com.br
SÃO PAULO, 2013

Sumário

ENTRADAS..10
Bruschetta de banana-da-terra com queijo coalho e melaço de cana...................12
Bruschetta de figo..14
Ceviche com manga...16
Minibruschetta de manga com gengibre..18
Risoto de pera com gorgonzola..20
Sopa de pera..22
Salada de folhas e figo..24
Salada de pera, gorgonzola e folhas verdes.....................................26
Tartar de abacate com salmão...28

PRINCIPAIS..30
Agnolotti de *brie* com molho de uva itália e amêndoa............................32
Camarões com molho de manga e maracujá.....................................34
Codorna recheada de pera..36
Costelinha ao molho de goiaba...38
Faisão recheado com figos frescos...40
Filé com tamarindo..42
Hadoque ao molho de tangerina..44
Linguado com uvas itália e amêndoas..46
Lombro recheado com damasco e ameixa......................................48
Medalhão de linguado e salmão ao molho de romã...............................50
Mignon de porco com jabuticaba...52
Moqueca de caju..54
Peito de frango recheado com queijo *brie* e molho de manga......................56
Peito de frango com recheio de damasco.......................................58
Penne com limão-siciliano e camarões 60
Peru recheado com damasco e nozes..62
Polvo ao molho de tangerina e maçã...64
Raviolone de figo fresco..66
Risoto de figo...68
Risoto de morango com camarões...70
Risoto de nêspera...72
Risoto de romã..74
Purê de banana-da-terra com robalo em crosta de amêndoas......................76
Salmão ao molho de maçã..78
Talharim com figo fresco...80

SOBREMESAS 82
Crepe de cupuaçu 84
Frutas vermelhas flambadas 86
Maçã assada com calda de laranja 88
Panna cotta de cupuaçu 90
Pera cozida no licor de menta 92
Trouxinha de tamarindo 94

CALDOS 96
Bisque de camarão 97
Caldo de frango (brodo) 98
Caldo de legumes 99
Caldo de peixe 100
Roux 101

GLOSSÁRIO 126
CONTATOS 127

Trajetória de *Aldo Teixeira* e *Liliane*

Há quase quatro décadas atuando na gastronomia, a influência do *chef* Aldo Teixeira é tradicionalmente italiana. Ele aprendeu a cozinhar observando a avó preparar massas frescas na cozinha do sítio onde morava, em José Bonifácio, interior de São Paulo. As referências foram se expandindo e hoje notam-se toques da cozinha francesa, portuguesa e até da culinária crioula norte-americana.

A história de Aldo na gastronomia teve início em 1976, quando começou a trabalhar, ainda adolescente, no restaurante Forchetta d'Oro. O *chef*, cuja família imigrou para o Brasil, provinda da região do Veneto italiano, estudou Administração Hoteleira, Enologia e Gastronomia no Senac, durante os anos 80, quando ainda atuava como funcionário do restaurante que depois viria a adquirir.

Sempre focado em conquistar um espaço nesse meio tão competitivo, o *chef* Aldo Teixeira foi adquirindo experiência e com uma trajetória de muito empenho e dedicação conseguiu realizar seu grande sonho: ser um empreendedor na gastronomia paulistana. Atualmente tem cinco restaurantes em São Paulo: La Forchetta, La Terrina, Fior D'Italia, Il Papavero e Tuhu.

Ao observar que sua filha, Liliane Teixeira, seguia os mesmos passos do pai no interesse pela gastronomia e na filosofia de trabalho, o *chef* que já trabalhava com a profissional desde os 16 anos convidou-a para participar do livro "Cozinhando com frutas".

Formada em nutrição e pós-graduada em gastronomia, Liliane introduziu informações como valores nutricionais e também auxiliou o *chef* na execução das receitas. Em seu horizonte, balancear as criações dos pratos de maneira que os tornassem saudáveis. Para harmonizar sabores foi preciso saber conciliar técnica e criatividade, combinação que só pai e filha poderiam fazer tão bem.

ALDO E LILIANE VII

Prefácio

Quais e quantos podem ser os adjetivos que identificam um *chef* que fez da paixão pela boa gastronomia um estilo de vida e profissão? Capaz, sensível, previdente... O *chef* Aldo se apresenta por meio deste livro com suas criações inovadoras e com uma clara referência ao seu país, o Brasil.

As realizações gastronômicas do *chef* Aldo são a união da criatividade, imaginação e bom gosto. Qualidades dos grandes *chefs* dotados de muita humildade. Pessoas com capacidade de reunir elementos naturais e simples para propor criações diferenciadas.

Em seu livro, o *chef* Aldo indica o caminho e a evolução da gastronomia brasileira sem renunciar à tradição, mas a realiza com as suas saborosas inspirações e com clara referência às origens italianas e à cozinha mediterrânea – que no Brasil começa a ser apreciada e procurada pela suavidade e delicadeza das preparações.

A criatividade e habilidade dos grandes *chefs* se mostram presentes na valorização de produtos do seu próprio território, como o uso das frutas de cada estação em suas preparações.

Figo, manga, abacate, goiaba, romã, entre inúmeras outras, são utilizadas a fim de evidenciar o orgulho pelas origens de viver a própria identidade brasileira. Aldo experimenta matérias-primas com bom gosto e inspiração, mas também com o bom senso de quem é capaz de criar um prato saboroso com poucos ingredientes, não muito conhecidos, mas de grande valor nutricional.

O *chef* Aldo iniciou uma renovação da culinária brasileira, introduzindo-se com profissionalismo entre os inovadores da cozinha reinventada, a cozinha de pesquisa, de tendências e modas, aliadas à cozinha natural e simples, que também faz bem à saúde - utilizando as frutas que o Brasil oferece em abundância.

Ele também indicou um novo percurso gastronômico num território onde as tradições são enraizadas, propondo gostos e sabores incomuns, sempre mantendo o respeito pelos ingredientes do território. O fio condutor do livro é a utilização de matérias-primas cuidadosamente selecionadas, com respeito às estações do ano, que são em seguida transformadas habilmente em obras de arte.

Aldo Teixeira é também uma pessoa humilde que atua por trás dos cenários da sala de refeição de um restaurante: um alquimista que ama confrontar-se consigo mesmo. Não ama o sucesso, mas sim, e de modo incomensurável, a sua profissão. Aquela de satisfazer os paladares mais exigentes.

O desejo que posso enviar para o *chef* Aldo Teixeira é o de poder perceber o sorriso de aprovação nas faces de todos aqueles que saborearem suas receitas.

Aldo Ettore Cavagliato
CHEF E CONSULTOR GASTRONÔMICO
F.I.C. - FEDERAZIONE ITALIANA CUOCHI
A.C.T. - ASSOCIAZIONE CUOCHI TORINO
CORDON BLEU - PARIS

Entradas

Além das saladas, você pode brincar com as receitas e utilizá-las em coquetéis, como opções de *finger food*, assim como as *bruschettas*, se servidas em torradas, o tartar de abacate com salmão e o ceviche de manga, que podem ser servidos em copos, e o que sua criatividade permitir.

ENTRADAS 11

Bruschetta de *banana-da-terra* com queijo coalho e melaço de cana

INGREDIENTES
(4 pessoas)

2 colheres (sopa) de manteiga
1 banana-da-terra
1 pimenta-dedo-de-moça
150 g de queijo coalho
40 g de melaço de cana
4 fatias de pão italiano
2 galhos de alecrim

1. Lave a banana em água corrente com casca e tudo.

2. Em água fervente, cozinhe a banana por 40 minutos.

3. Assim que a casca estourar, verifique com um garfo o ponto de cozimento, que deve estar ainda firme (*al dente*).

4. Retire da água, descasque e corte em rodelas de 0,5 cm.

5. Corte a pimenta na longitude, retire a semente e a parte branca, e triture com a ponta da faca.

6. Em uma frigideira, aqueça a manteiga com os galhos de alecrim. Acrescente a pimenta, coloque as bananas cortadas e salteie para absorver o sabor. Reserve.

MONTAGEM DA *BRUSCHETTA*

7. Cubra a fatia de pão italiano completamente com o queijo coalho e leve ao forno preaquecido a 180°C até que o queijo derreta.

8. Retire do forno, coloque as bananas por cima e adicione o melaço de cana. Volte ao forno para aquecer. Retire e sirva ainda quente.

DICA
Se não encontrar o melaço de cana, derreta a rapadura em banho-maria ou substitua por mel.

Ponto de amadurecimento da fruta: a banana não pode estar muito verde e nem muito madura. Deve estar firme, com a casca amarela e sem pigmentação de amadurecimento.

ENTRADAS 13

Bruschetta de figo

INGREDIENTES
(4 pessoas)

3 figos médios maduros
4 fatias de pão italiano
20 g de manteiga derretida
60 g de queijo brie
30 g de presunto cru tipo Parma fatiado
1 colher (chá) de mel

1. Corte as fatias de pão, pincele-as com manteiga derretida e leve ao forno até dourar.

2. Descasque o figo e corte-o em quatro pedaços.

3. Corte o queijo brie em finas fatias.

MONTAGEM DA *BRUSCHETTA*

4. Coloque o queijo sobre a torrada com manteiga e leve ao forno até derreter.

5. Retire do forno, coloque o presunto cru, o figo e uma gota de mel.

6. Leve ao forno para aquecer. Sirva a seguir.

DICA

O pão italiano pode ser substituído pelo pão *ciabatta*, pão francês amanhecido ou outro pão de sua preferência.

Ponto de amadurecimento da fruta: o figo ideal para cozimento é aquele que acabou de amadurecer, quando está doce e não longe de ficar passado. Se estiver maduro demais, ele desmancha na preparação e não agrega sabor.

Ceviche com manga

INGREDIENTES
(4 pessoas)

1 manga Haden média
600 g de filé de peixe branco sem espinho
½ cebola roxa
½ pimentão verde
½ pimentão amarelo
Folhas de coentro a gosto
2 pimentas-dedo-de-moça
70 ml de suco de limão-siciliano
Raspas de um limão-siciliano
3 colheres (sopa) de azeite extravirgem
Sal a gosto

1. Pique a cebola e os pimentões, corte a pimenta na longitude e retire a semente e a parte branca; triture bem. Triture também as folhas de coentro. Reserve.

2. Corte o peixe em cubos pequenos.

3. Em um *bowl*, junte todos os ingredientes, exceto a manga. Misture bem, cubra com um papel-filme e leve à geladeira por uma hora, virando a cada 20 minutos para absorver melhor o sabor.

4. Descasque a manga e corte em cubos.

FINALIZAÇÃO

5. Junte os cubos da manga ao *ceviche* e sirva em taças individuais ou prato fundo.

6. Decore com folha de coentro ou flor comestível.

DICA
A manga deve estar madura e firme, longe de ficar passada.

ENTRADAS 17

Minibruschetta de *manga* com gengibre

INGREDIENTES
(4 pessoas)

460 g de manga Haden
1 colher (sopa) de manteiga
25 g de gengibre cru
100 ml de saquê
Pimenta-rosa para decoração
Torradas para aperitivo
Uma pitada de sal

1. Descasque a manga e corte ao meio na longitude.

2. Fatie a manga na longitude em espaços de 0,5 cm. Reserve.

3. Faça rodelas finas com o gengibre e fatie bem fino na longitude.

4. Em uma frigideira, aqueça a manteiga, junte o gengibre e deixe dourar. Acrescente o saquê e reduza o líquido em 2/3. Coloque a manga e a envolva no líquido com gengibre.

5. Quando começar a ferver, desligue o fogo. Deixe esfriar.

MONTAGEM DA *BRUSCHETTA*

6. Cubra as torradinhas com a manga e decore com a pimenta-rosa.

7. Sirva na temperatura ambiente.

DICA
Pode-se utilizar barquete, pão italiano ou minipão francês.

Ponto de amadurecimento da fruta: deve ser firme, se estiver muito madura, ela desmancha no cozimento com saquê.

Risoto de pera com gorgonzola

INGREDIENTES
(4 pessoas)

700 ml de caldo de legumes
1 ½ pera Williams média
1 colher (sobremesa) de alho-poró triturado
1 colher (sopa) de manteiga
70 ml de vinho branco seco
40 g de gorgonzola triturado
120 g de arroz arbório

1. Descasque as peras, coloque em uma vasilha com água, corte-as em cubos de aproximadamente 2 cm e reserve.

2. Em uma panela de fundo grosso, derreta a manteiga, coloque o alho-poró. Assim que ele murchar, acrescente o arroz e refogue até os grãos começarem a grudar na panela. Junte o vinho branco, mexa bem e deixe evaporar todo o álcool.

3. Junte uma concha do caldo de legumes quente e vá mexendo sempre. Conforme o caldo for secando, acrescente mais. Continue o procedimento. O arroz, conforme é mexido, libera o amido, cozinhando os grãos e deixando-os macios.

4. Após 12 minutos, acrescente a pera. Coloque o caldo e continue mexendo, quando estiver quase no ponto (*al dente*), acrescente o gorgonzola; mexa.

5. Desligue o fogo. Decore com a casca da pera e salsa crespa.

DICA

O queijo gorgonzola pode ser substituído por queijo brie, que também agrega sabor e textura ao seu risoto.

A pera deve estar de verde para madura.

Essa receita é para porções individuais como entrada ou *finger food*.

Sopa de *pera*

INGREDIENTES
(4 pessoas)

3 peras Williams
750 ml de caldo de legumes
2 folhas de alface
2 galhos de agrião
40 g de presunto cru
Sal a gosto

1. Lave a alface e o agrião. Reserve.

2. Descasque as peras, retire o caroço e corte-as em fatias bem finas. Reserve em vasilha com água.

3. Em uma panela, leve o caldo de legumes para esquentar. Assim que aquecer, junte as peras e deixe cozinhar por 7 minutos.

4. Junte o agrião e a alface, espere murchar e desligue o fogo.

5. Bata a sopa no liquidificador e leve novamente ao fogo para esquentar.

6. Corte as fatias de presunto cru em tirinhas de 0,5 cm.

7. Leve uma frigideira antiaderente ao fogo e grelhe as fatias. Não é necessário colocar azeite ou manteiga, pois a própria gordura do presunto é o bastante para grelhar.

FINALIZAÇÃO

8. Coloque a sopa em taça de consomê e salpique com o presunto cru. Decore com folhas de agrião *baby*.

DICA

Esta sopa pode ser servida fria. Assim que bater a sopa espere esfriar e leva à geladeira.

Neste caso substitua o presunto cru por queijo Emmental (50 g). Rale o queijo com o lado grosso do ralo. Sirva em taças de vidro e acrescente o queijo.

Ponto de amadurecimento da fruta: a pera deve ter a casca firme sem cortes, rachaduras ou manchas pardas. Para que conserve o aroma e o sabor deve ser guardada em lugar fresco e seco, nunca na geladeira.

ENTRADAS 23

Salada de folhas e figo

INGREDIENTES
(4 pessoas)

½ maço de alface
½ maço de rúcula
½ maço de agrião
4 figos frescos
1 colher (sopa) de açúcar mascavo
8 fatias de presunto cru
120 g de queijo de cabra
100 ml de aceto balsâmico
2 colheres (chá) de mel

1. Corte o figo em quatro pedaços iguais (em forma de gomos de laranja) e passe no açúcar mascavo de todos os lados. Reserve.

2. Em uma frigideira aquecida, coloque o aceto balsâmico e o mel. Sele o figo de todos os lados. Retire o figo e reduza o aceto balsâmico pela metade. Reserve.

3. Com um garfo, amasse bem o queijo de cabra até virar uma pasta.

4. Faça charutinhos enrolando as fatias de presunto cru na pasta de queijo. Frite-os em frigideira aquecida. Não é necessário usar óleo ou manteiga, pois a própria gordura do presunto possibilita a fritura. Vire o charutinho para fritar por inteiro. O queijo fica um pouco derretido e o presunto crocante.

MONTAGEM

5. Espalhe as folhas verdes em forma de buquê no centro de uma travessa. Ao lado intercale os figos e os charutinhos. Tempere com aceto balsâmico reduzido.

DICA
O queijo de cabra pode ser substituído por queijo Emmental.

Salada de *pera*, gorgonzola e folhas verdes

INGREDIENTES
(4 pessoas)

3 peras grandes maduras
60 g de copa fatiada
½ maço de rúcula
½ maço de alface roxa
3 colheres (sopa) de nozes trituradas
2 colheres (sopa) de suco de limão
40 g de queijo gorgonzola
200 g de iogurte
Sal a gosto

MOLHO

1. Esmague o gorgonzola com um garfo, junte o iogurte e misture bem até ficar um creme homogêneo.

FINALIZAÇÃO

2. Lave e seque as folhas.

3. Em um recipiente, coloque 500 ml de água e adicione o suco de limão.

4. Corte as peras longitudinalmente, retire os caroços e fatie em finas fatias de 0,5 cm. Coloque as fatias na água com limão. Reserve.

5. Coloque as folhas numa saladeira e, por cima, decore com as fatias de pera e copa. Despeje o molho e salpique com as nozes trituradas.

ENTRADAS 27

Tartar de abacate com salmão

INGREDIENTES
(4 pessoas)

100 g de abacate
1 colher (sobremesa) de *dill* picado
150 g de filé de salmão fresco
60 g de cebola roxa
1 colher (chá) de gengibre
1 colher (chá) de aceto balsâmico
1 colher (sobremesa) de molho inglês
1 colher (sopa) de suco de limão
2 colheres (sobremesa) de azeite
Sal e pimenta-do-reino branca a gosto

1. Retire a pele do salmão e corte-o em cubinhos. Reserve na geladeira.

2. Triture a cebola e rale o gengibre.

3. Em uma tigela, coloque os cubos de salmão, junte a cebola, gengibre, *dill*, suco do limão, aceto balsâmico, molho inglês, azeite e tempere com sal e pimenta-do-reino. Misture e leve à geladeira.

4. Corte o abacate em cubinhos.

FINALIZAÇÃO

5. Em uma taça, coloque o salmão temperado com os ingredientes e cubra com o abacate.

6. Decore com ramos de *dill*.

DICA
O abacate deve estar firme e maduro. O salmão pode ser substituído por atum.

ENTRADAS 29

Principais

O ato de misturar ingredientes em uma cozinha e tornar saboroso o prato servido, além de fazer parte de momentos únicos de pessoas, chama-se de arte em cozinha. Dessa arte e dedicação você irá aproveitar as melhores receitas de pratos principais em que o ingrediente de destaque é a fruta.

Agnolotti de brie com molho de uva itália e amêndoa

INGREDIENTES
(4 pessoas)

PARA MASSA
400 g de farinha de trigo
4 ovos inteiros
1 gema
1 pitada de sal

PARA O RECHEIO
150 g de queijo brie

PARA O MOLHO
40 g de amêndoas torradas e laminadas
40 unidades de uva itália sem pele e sem semente
700 ml de creme de leite fresco
60 g de parmesão ralado

MASSA

1. Faça um monte com a farinha e abra um círculo no meio.

2. Coloque os ovos e mexa com um garfo, de dentro para fora, com movimentos circulares. Em seguida, amasse bem com a mão até ficar uniforme.

3. Envolva a massa com filme plástico e deixe descansar na geladeira por 15 minutos.

4. Abra a massa com o rolo de macarrão ou use uma máquina de macarrão (cilindro). Em qualquer uma das duas opções, você deverá abrir parcialmente a massa, dobrá-la como um envelope e então abri-la novamente. Repita este procedimento pelo menos nove vezes, isso garantirá que entre ar na massa, deixando-a mais macia e fácil de abrir.

RECHEIO

5. Triture o queijo brie em pedaços bem pequenos.

AGNOLOTTI

6. Corte a massa em discos de 8 cm e coloque uma colher (chá) de recheio para cada disco.

7. Feche-os em meia lua, deixando uma borda de 1 cm. Aperte bem as laterais, então coloque a ponta do dedo indicador no meio e vire a massa ao contrário. Certifique-se que fique bem fechado.

8. Cozinhe os *agnolotti* com bastante água e sal. Escorra e reserve.

PREPARO DO MOLHO

9. Descasque, retire as sementes e corte as uvas ao meio.

10. Leve uma frigideira ao fogo com o creme de leite, assim que começar a ferver junte o parmesão, as amêndoas e deixe engrossar. Reduza o fogo, junte as uvas e mexa bem. Acrescente os *agnolotti* e misture delicadamente.

11. Sirva em pratos aquecidos decorados com uvas Itália inteiras.

> ### DICA
> Se quiser deixar a receita mais leve, utilize 50% de brie e 50% de ricota no recheio.

Camarões com molho de manga e maracujá

INGREDIENTES
(4 pessoas)

PARA O MOLHO
1 ½ manga média (Tommy)
1 maracujá
20 ml de mel
300 ml de água

CAMARÃO
16 camarões grandes limpos
2 colheres (sopa) de manteiga
2 colheres (chá) de gengibre ralado
30 ml de conhaque
Sal e pimenta-do-reino a gosto

RISOTO DE ALHO-PORÓ
800 ml de caldo de legumes
1 colher (sopa) de alho-poró triturado
2 colheres (sopa) de manteiga
1 taça de vinho branco seco
1 xícara de arroz arbório
folhas do alho-poró

MOLHO

1. Descasque a manga e bata no liquidificador com a água. Reserve.

2. Passe a polpa do maracujá na peneira. Aperte bem para que fiquem só as sementes, separe-as e reserve. Junte a polpa de maracujá ao suco de manga.

3. Leve as sementes ao forno preaquecido para secar e ficar crocantes. Reserve.

CAMARÕES

4. Derreta a manteiga, junte os camarões e o gengibre, salteie por aproximadamente 2 minutos, junte o conhaque e flambe. Assim que o líquido evaporar, retire os camarões e reserve.

5. Na mesma panela, acrescente o suco da manga com o maracujá. Assim que levantar fervura, acrescente o mel e abaixe o fogo; deixe reduzir. Quando estiver encorpado, volte os camarões e espere esquentar. Desligue o fogo e sirva.

RISOTO

6. Lave bem as folhas do alho-poró e corte-as em fatias de aproximadamente 3 cm.

7. Em um liquidificador, bata o caldo de legumes com as folhas do alho-poró. Coe.

8. Leve o caldo ao fogo e mantenha aquecido.

9. Em uma panela de fundo grosso, derreta uma colher (sopa) de manteiga e acrescente o alho-poró. Quando estiver dourado, coloque o arroz e refogue bem. Adicione o vinho branco, mexa e deixe evaporar todo o álcool. Acrescente a primeira concha de caldo quente e não pare de mexer. Esfregar o fundo da panela para que o arroz não grude. Vá acrescentando mais caldo à medida que for evaporando. Essa etapa demora cerca de 15 minutos.

10. Experimente o arroz e observe a textura, assim que chegar ao ponto *(al dente)* desligue o fogo e acrescente a manteiga restante.

MONTAGEM

11. Em um prato raso, coloque um pouco do molho, leve um aro redondo ao centro, ponha o risoto e, por cima, os camarões.

12. Decore com sementes secas de maracujá. Sirva ainda quente.

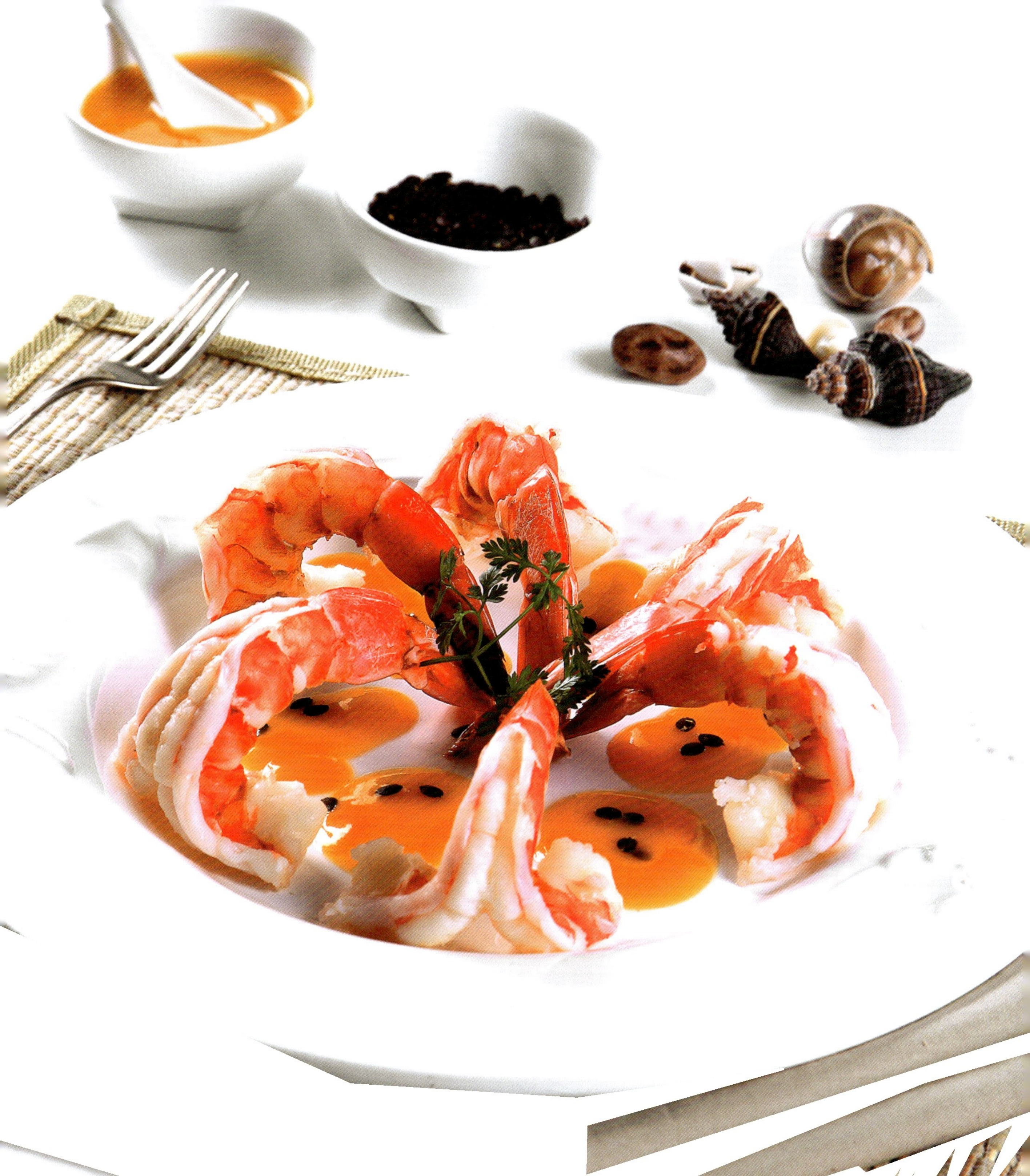

Codorna recheada de pera

INGREDIENTES
(4 pessoas)

MARINADA
4 codornas
2 galhos de tomilho
2 galhos de alecrim
15 folhas de manjericão
10 folhas de sálvia
10 ml de molho inglês
500 ml de vinho tinto

RECHEIO
3 peras
10 ml de azeite de oliva
30 ml de vinho marsala
5 folhas de sálvia picada
1 ½ fatia de pão de forma sem casca
1 pitada de sal

ASSADO
Caldo da marinada
100 ml de licor de cassis
120 ml de caldo de legumes

BATATA LEQUE
450 g de batata média
500 ml de caldo de frango
1 colher (sopa) de manteiga
2 galhos de alecrim
Sal a gosto

CODORNA

1. Em um refratário fundo, coloque as codornas desossadas, cubra com os ingredientes da marinada e deixe marinar por 12 horas na geladeira, virando as codornas ocasionalmente.

2. Retire as codornas da marinada e escorra bem. Reserve o caldo.

3. Em uma frigideira antiaderente ou uma chapa, aqueça um fio de azeite e coloque as codornas para selar e espere esfriar.

RECHEIO

4. Descasque as peras, retire os caroços e corte-as em laminas bem finas.

5. Em uma frigideira, refogue a pera no azeite, sal, vinho e as folhas de sálvia. Assim que o vinho evaporar, desligue o fogo, pois a pera pode perder as propriedades nutricionais.

6. Acrescente o pão de forma umedecido em água e misture bem, recheie as codornas com cuidado, depois amarre as patas com barbante para que não abra durante o assado.

ASSANDO AS CODORNAS

7. Transfira as codornas para uma assadeira, coloque o caldo da marinada, e o caldo de legumes até que a codorna fique coberta até a metade pelo molho. Cubra com papel-alumínio e leve ao forno preaquecido a 180°C por 30 minutos.

8. Retire o papel-alumínio, volte ao forno e deixe dourar. Coloque as codornas em uma travessa. Coe o molho do assado, leve a uma frigideira, acrescente o licor de cassis e deixe ferver até reduzir. Regue a codorna da travessa com esse caldo.

BATATA LEQUE

9. Descasque as batatas e corte-as ao meio na longitude.

10. Pegue uma das partes, posicione na diagonal deixando 2 cm do lado direito e vá fatiando em camadas bem finas. Reserve.

11. Unte uma assadeira com a manteiga e, com cuidado, coloque a batata cortada. Cubra com o caldo de frango e leve ao forno (200°C) por 35 minutos.

DICA

Desossar as codornas: corte as asas. Comece a soltar o osso que fica entre as duas sobrecoxas, vire-a; com a ponta dos dedos, segure a pele e vá soltando o osso com uma faca pequena e bem fina. Quando acabar de soltar o osso da costela, comece a desossar o peito. Retire a carcaça.

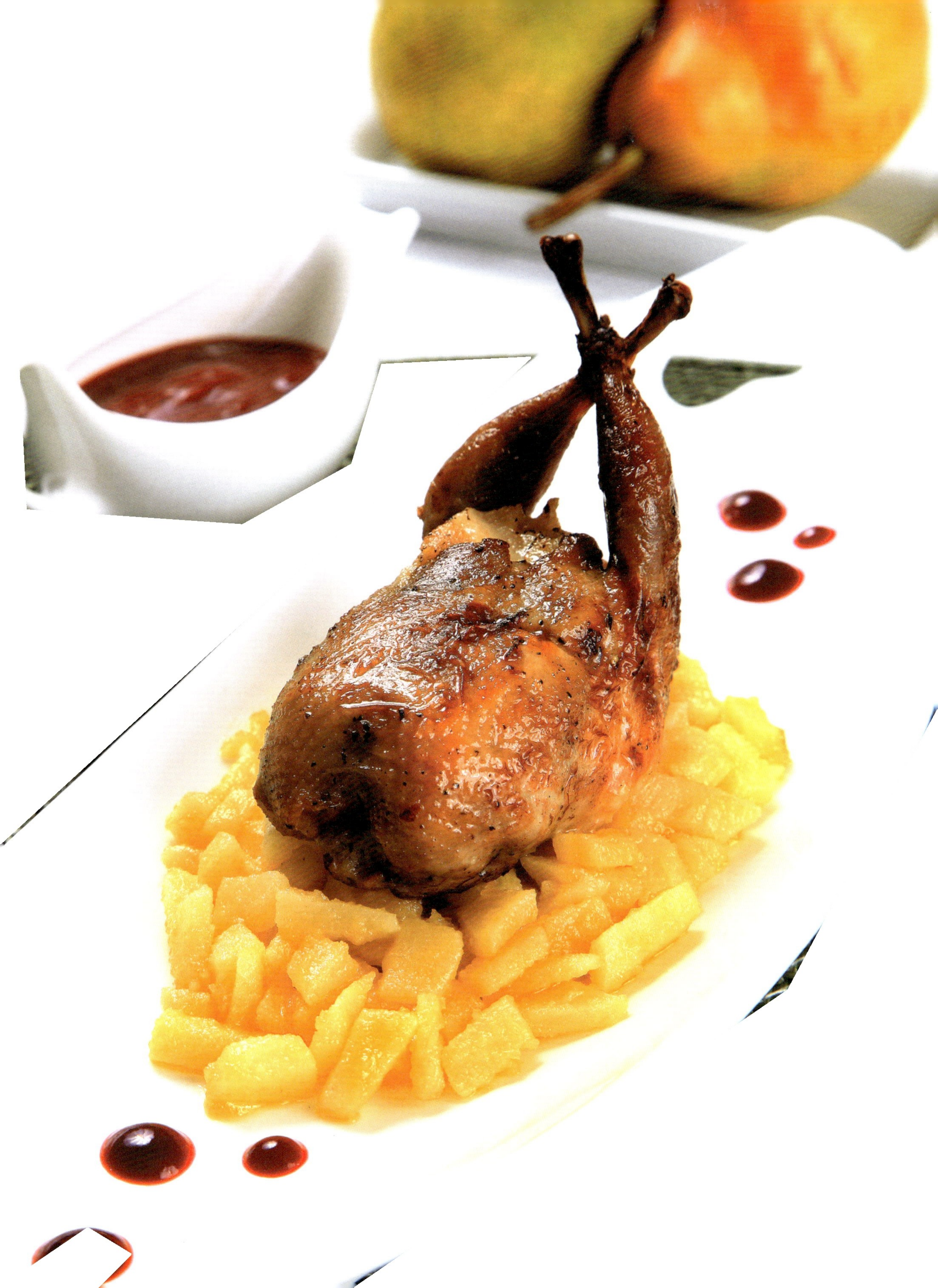

Costelinha ao molho de goiaba

INGREDIENTES
(4 pessoas)

MARINADA
1 costela de porco (1,300 kg)
1 galho de tomilho
1 galho de alecrim
10 folhas de manjericão
5 folhas de sálvia
10 ml de molho inglês
300 ml de vinho tinto

MOLHO DE GOIABA
460 g de goiaba
50 g de açúcar
1 colher (sopa) de vinagre de maçã
1 pitada de sal
½ pimenta-dedo-de-moça bem triturada e sem sementes
40 ml de licor de cassis
500 ml de água

ASSADO
1 cebola cortada em finas fatias
Molho da marinada

BATATA DUCHESSE
3 gemas
50 g de manteiga sem sal
500 g de batata monalisa
Sal e pimenta-do-reino a gosto

COSTELA

1. Tempere a costelinha com sal e pimenta-do-reino e reserve.

2. Marinada: junte as ervas e triture bem. Em uma travessa funda, coloque a costelinha e junte as ervas picadas, o molho inglês e o vinho tinto; cubra e leve à geladeira por 12 horas, virando a costelinha a cada hora para o tempero penetrar bem.

3. Para assar, cubra o fundo de uma assadeira com as fatias de cebola, coloque a costela com a parte do osso virada para a camada de cebola e despeje o molho da marinada sobre a costelinha. Cubra a assadeira com papel-alumínio e leve ao forno (180ºC) por 1 hora. Retire o papel-alumínio e leve ao forno para dourar.

MOLHO DE GOIABA

4. Bata as goiabas com água no liquidificador, coe e leve ao fogo com o açúcar, deixando cozinhar por 10 minutos. Acrescente o restante dos ingredientes e deixe cozinhar em fogo baixo até adquirir uma consistência pastosa.

FINALIZAÇÃO

5. Após assar, cubra a costela com o molho de goiaba e leve novamente ao forno por 10 minutos para aquecer.

BATATA *DUCHESSE*

6. Descasque e corte as batatas em cubos grandes. Reserve.

7. Em uma panela grande, cozinhe as batatas em água com sal até ficarem macias.

8. Escorra a água e volte ao fogo para secar totalmente. Passe as batatas pelo espremedor e resfrie até ficarem mornas.

9. Misture as batatas espremidas com duas gemas, adicione a manteiga e ajuste o tempero com sal e pimenta-do-reino moída na hora.

10. Cubra uma assadeira pequena com papel-manteiga e unte com manteiga.

11. Com um bico estrela, no saco de confeitar, faça as *duchesses* no formato tradicional, ou seja, em pequenos espirais.

12. Leve ao forno preaquecido a 190ºC até que as bordas estejam firmes.

13. Retire do forno, pincele com a gema e retorne ao fogo para dourar.

MONTAGEM

14. Em um prato grande e aquecido, coloque um pedaço da costelinha, regue com o molho de goiaba e ao lado coloque a batata ainda quente.

PRINCIPAIS 39

Faisão recheado com figos frescos

INGREDIENTES
(4 pessoas)

4 faisões

MARINADA
2 galhos de tomilho
2 galhos de alecrim
2 galhos de manjericão
1 galho de sálvia
20 ml de molho inglês
750 ml de vinho tinto
Sal a gosto

RECHEIO
50 g de manteiga
30 g de cebola triturada
8 figos
15 g de aceto balsâmico reduzido
2 fatias de pão de forma em pedaços minúsculos

ASSADO
Caldo da marinada
150 ml de caldo de legumes

MOLHO
1 galho de alecrim
200 ml de caldo do assado
300 ml de vinho do porto
10 g de manteiga

RISOTO DE ESPINAFRE
900 ml caldo de legumes
300 g de folhas de espinafre
2 colheres (sopa) de manteiga
1 colher (sopa) de alho-poró triturado
250 g de arroz arbório
40 g de parmesão ralado
100 ml de vinho branco seco
Sal a gosto

1. Em um refratário fundo, coloque os faisões desossados, cubra com as ervas, o vinho tinto e o molho inglês. Deixe marinar por 12 horas na geladeira virando ocasionalmente.

2. Retire os faisões da marinada e escorra bem.

3. Tempere os faisões por dentro e por fora. Em uma frigideira ou chapa, aqueça um fio de azeite e coloque-os para dourar, virando de um lado para outro. Espere esfriar.

RECHEIO

4. Corte o figo em cubos. Reserve.

5. Em uma frigideira, refogue a cebola na manteiga e espere dourar. Acrescente o figo e o aceto balsâmico. Não deixe cozinhar muito para não desmanchar o figo.

6. Junte a fatia de pão de forma e recheie os faisões cuidadosamente. Amarre as pernas com um barbante.

7. Transfira os faisões para uma assadeira, coloque o caldo da marinada e o caldo de legumes até que os faisões fiquem até a metade cobertos pelo molho.

8. Cubra com papel-alumínio e leve ao forno preaquecido a 180°C por 30 minutos. Vire os faisões, retire o papel-alumínio e deixe dourar. Retire os faisões e reserve.

MOLHO

9. Derreta a manteiga, coloque o alecrim, o molho do assado coado e o vinho do Porto. Deixe cozinhar até reduzir 2/3. Desligue o fogo.

10. Coloque os faisões em uma travessa e cubra com o molho. Decore com figos frescos.

RISOTO DE ESPINAFRE

11. Após lavar bem, cozinhe as folhas do espinafre no vapor.

12. Em um liquidificador, bata as folhas de espinafre cozidas com o caldo de legumes. Coe e aqueça o caldo.

13. Preparando o risoto: em uma panela de fundo grosso, derreta uma colher (sopa) de manteiga e acrescente o alho-poró para dourar. Quando estiver dourado, coloque o arroz e refogue bem.

14. Adicione o vinho branco, mexa e deixe evaporar todo o álcool, acrescente a primeira concha de caldo quente. Mexa sem parar, esfregando bem o fundo da panela para que o arroz não grude.

15. Acrescente mais caldo à medida que for evaporando. Essa etapa leva cerca de 16 minutos. Experimente o arroz e observe a textura. Ao chegar ao ponto (*al dente*), junte o queijo, mexa, desligue o fogo e acrescente a manteiga restante.

DICA
Como desossar os faisões:
Corte as asas. Comece a soltar o osso que fica entre as duas sobrecoxas, vire-o; com a ponta dos dedos, segure a pele e vá soltando o osso com uma faca pequena e bem fina. Quando acabar de soltar o osso da costela, comece a desossar o peito. Retire a carcaça.

PRINCIPAIS 41

Filé com tamarindo

INGREDIENTES
(4 pessoas)

660 g de filé mignon
Sal e pimenta-do-reino a gosto
240 g de vagem de tamarindo
500 ml de água
2 colheres (sopa) de mel
2 ramos de alecrim
2 folhas de louro
1 pimenta-dedo-de-moça de aproximadamente 4 cm
1 colher (chá) de gengibre ralado

ACOMPANHAMENTO
3 abobrinhas médias
1 colher (sopa) de manteiga
1 litro de água fervente
Sal a gosto
Ervas finas a gosto

1. Corte o filé em forma de medalhão (rende oito medalhões) e tempere com sal e pimenta. Grelhe em frigideira até o ponto de sua preferência. Reserve.

MOLHO

2. Descasque as vagens de tamarindo e ferva em água por aproximadamente 15 minutos. Peneire, reservando a água. Separe a polpa das sementes. Descarte as sementes, junte a polpa com a água reservada e bata no liquidificador. Coe. Reserve.

3. Abra a pimenta, retire as sementes e a parte branca, pique em pedaços de 0,5 cm.

4. Misture o caldo de tamarindo, a pimenta e o restante dos ingredientes. Leve ao fogo e deixe reduzir até engrossar. Retire as folhas de louro e o galho de alecrim. Reserve.

ACOMPANHAMENTO

5. Descasque as abobrinhas na longitudinal (será utilizada apenas a casca), tomando cuidado para não quebrar.

6. Junte as cascas e corte-as em fio, semelhante ao talharim.

7. Ferva os fios de abobrinhas até começar a murchar. Escorra.

8. Em uma frigideira, derreta a manteiga, junte os fios de abobrinha, tempere com sal e pitada de ervas finas.

MONTAGEM

9. Coloque o medalhão de filé no centro do prato e cubra com o molho de tamarindo. Ao redor do filé, coloque os fios de abobrinha.

DICA

O tamarindo deve estar bem maduro.

Outra forma de retirar a polpa da semente é deixando-a de molho em água por 24 horas na geladeira.

Ponto de amadurecimento: aperte a parte de cima da vagem, se estourar é porque o tamarindo está maduro.

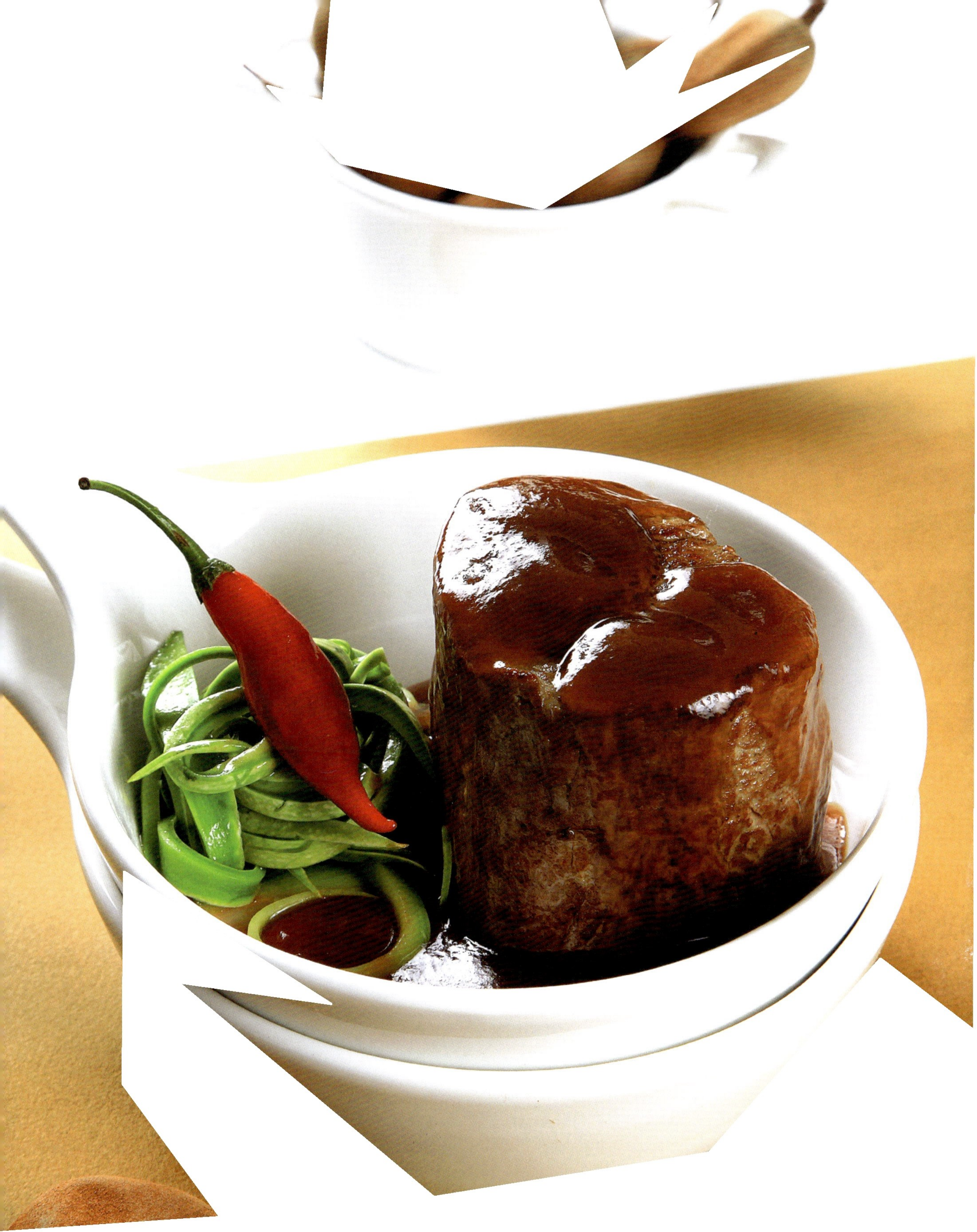

Hadoque ao molho de *tangerina*

INGREDIENTES
(4 pessoas)

8 medalhões de lombo de hadoque (80 g cada)
600 ml de suco de tangerina
1 colher (sopa) de manteiga
3 galhos de alecrim
50 ml de licor de *mandarinetto*
2 colheres (chá) de gengibre ralado
60 ml de vinho branco
15 g de mel
1 litro de leite
Farinha de trigo para empanar o peixe
20 g de *roux* claro
Sal a gosto

BATATA LEQUE
400 g de batatas médias
600 ml de caldo de peixe
1 colher (sopa) de manteiga
2 galhos de alecrim
Sal a gosto

1. Certifique-se de que os medalhões estejam em pequenas postas (80 gramas).

2. Deixe-os de molho no leite por 2 horas.

3. Retire os medalhões do leite e aperte para sair o excesso de líquido.

4. Passe os medalhões na farinha de trigo. Em uma grelha, chapa ou frigideira antiaderente, coloque os medalhões para selar dos dois lados, deixando-os úmidos por dentro. Reserve.

5. Em uma frigideira com fogo médio, aqueça a manteiga, coloque o gengibre, os galhos de alecrim e deixe dourar. Acrescente o vinho branco e espere evaporar, coloque o suco de tangerina, o mel e o licor *mandarinetto*; mexa e espere levantar fervura.

6. Acrescente o *roux* e deixe engrossar. Coloque os medalhões de hadoque selados e cozinhe no molho.

MONTAGEM

7. Sobre pratos aquecidos, coloque os medalhões de hadoque e cubra com o molho.

8. Decore com galhos de alecrim e gomos de tangerina.

BATATA LEQUE

9. Descasque as batatas e corte-as ao meio, na longitude.

10. Pegue uma parte da batata, posicione-a na diagonal deixando 2 cm do lado direito e fatie em camadas bem finas. Reserve.

11. Unte uma assadeira com a manteiga e, com cuidado, coloque a batata cortada. Cubra com o caldo de peixe e leve ao forno (200 °C) por 35 minutos.

> ### DICA
> A tangerina deve estar doce, não pode estar muito madura.

PRINCIPAIS 45

Linguado com uvas itália e amêndoas

INGREDIENTES
(4 pessoas)

30 uvas itália sem casca e sem sementes
60 g de amêndoas laminadas
720 g de filé de linguado
1 colher (sopa) de manteiga
80 ml de vinho branco
500 ml de caldo de peixe
20 g de *roux* claro
Farinha de trigo para empanar o peixe
Um fio de azeite
Sal a gosto

BATATA SAUTÉ

300 g de batata Asterix
1 galho de salsinha
1 colher (sopa) de manteiga

1. Tempere os filés de linguado com sal. Passe na farinha de trigo dos dois lados.

2. Em uma frigideira antiaderente, coloque um fio de azeite e sele os filés dos dois lados, deixando-os úmidos por dentro.

MOLHO

3. Derreta a manteiga, coloque as amêndoas e deixe dourar. Junte o vinho branco, espere evaporar e acrescente o caldo de peixe. Assim que iniciar fervura, coloque o *roux* e mexa sempre. Quando estiver dissolvido, junte os filés de peixe.

4. Deixe uns 3 minutos de cada lado. É o tempo de acabar de cozinhar o peixe e engrossar o molho. Quando o peixe estiver cozido, coloque as uvas e deixe por mais 2 minutos. Apague o fogo.

BATATA *SAUTÉ*

5. Triture as folhas de salsinha. Reserve.

6. Descasque as batatas e corte-as em rodelas de 1 cm.

7. Cozinhe-as com uma pitada de sal. Escorra bem a água do cozimento e reserve-as. Derreta a manteiga, junte as batatas cozidas e mexa delicadamente para não desmanchar, acrescente a salsinha.

FINALIZAÇÃO

8. Em pratos aquecidos, coloque as batatas no fundo, sobreponha o filé de peixe e regue com o molho.

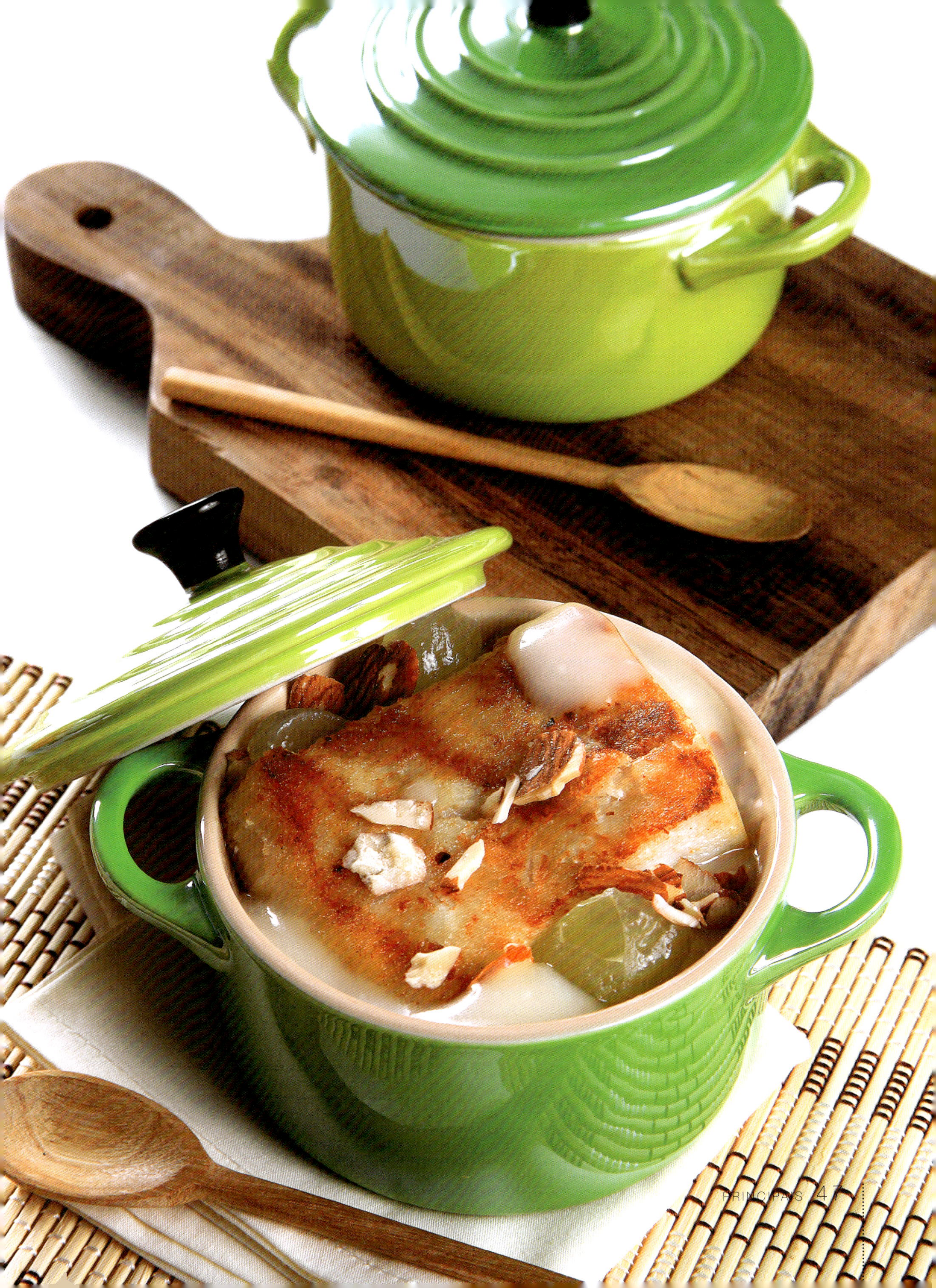

Lombo recheado com damasco e ameixa

INGREDIENTES
(4 pessoas)

MARINADA
1,200 kg de lombo de porco
2 folhas de louro
2 galhos de alecrim
350 ml de vinho branco seco
½ cebola média picada
2 dentes de alho amassados
Sal e pimenta branca a gosto

RECHEIO
100 g de ameixa
100 g de damasco
150 ml de vinho branco

PURÊ DE BATATA COM ALHO PORÓ
500 g de batatas cozidas
40 g de manteiga
40 g de folhas verdes de alho-poró
40 g de alho-poró (parte branca)
50 g de parmesão ralado
200 ml de leite
Sal a gosto

MARINADA

1. Abra o lombo em forma de manta e marine com os ingredientes por 12 horas em geladeira. Reserve o caldo.

RECHEIO

2. Hidrate o damasco no vinho branco por 60 minutos. Retire e triture.

3. Triture a ameixa.

LOMBO

4. Retire o lombo da marinada e escorra o excesso do tempero. Com o lombo bem sequinho e aberto em manta, sobreponha o damasco triturado, em seguida coloque a ameixa e enrole em forma de rocambole. Feche bem as pontas e amarre com barbante culinário.

5. Coloque o lombo em uma assadeira antiaderente, cubra com o molho da marinada, tampe com papel-alumínio e leve ao forno (180°C) - regando sempre com o molho. Quanto estiver assado, retire o papel-alumínio e deixe dourar.

6. Desamarre o lombo e reserve.

7. Junte o molho do assado, retire a folha de louro e o alecrim, bata no liquidificador e coe. Leve ao fogo e deixe reduzir. Sirva com o lombo.

PURÊ DE BATATA COM ALHO-PORÓ

8. Esprema as batatas cozidas. Reserve.

9. Separe as folhas que for usar e lave bem. Reserve.

10. Faça fatias finas com o alho-poró.

11. Bata as folhas do alho-poró com o leite no liquidificador. Coe. Reserve.

12. Em uma frigideira, aqueça a manteiga e doure o alho-poró, junte as batatas espremidas, mexa e acrescente o leite batido. Misture bem para incorporar o líquido.

13. Junte o queijo ralado e misture até ficar homogêneo.

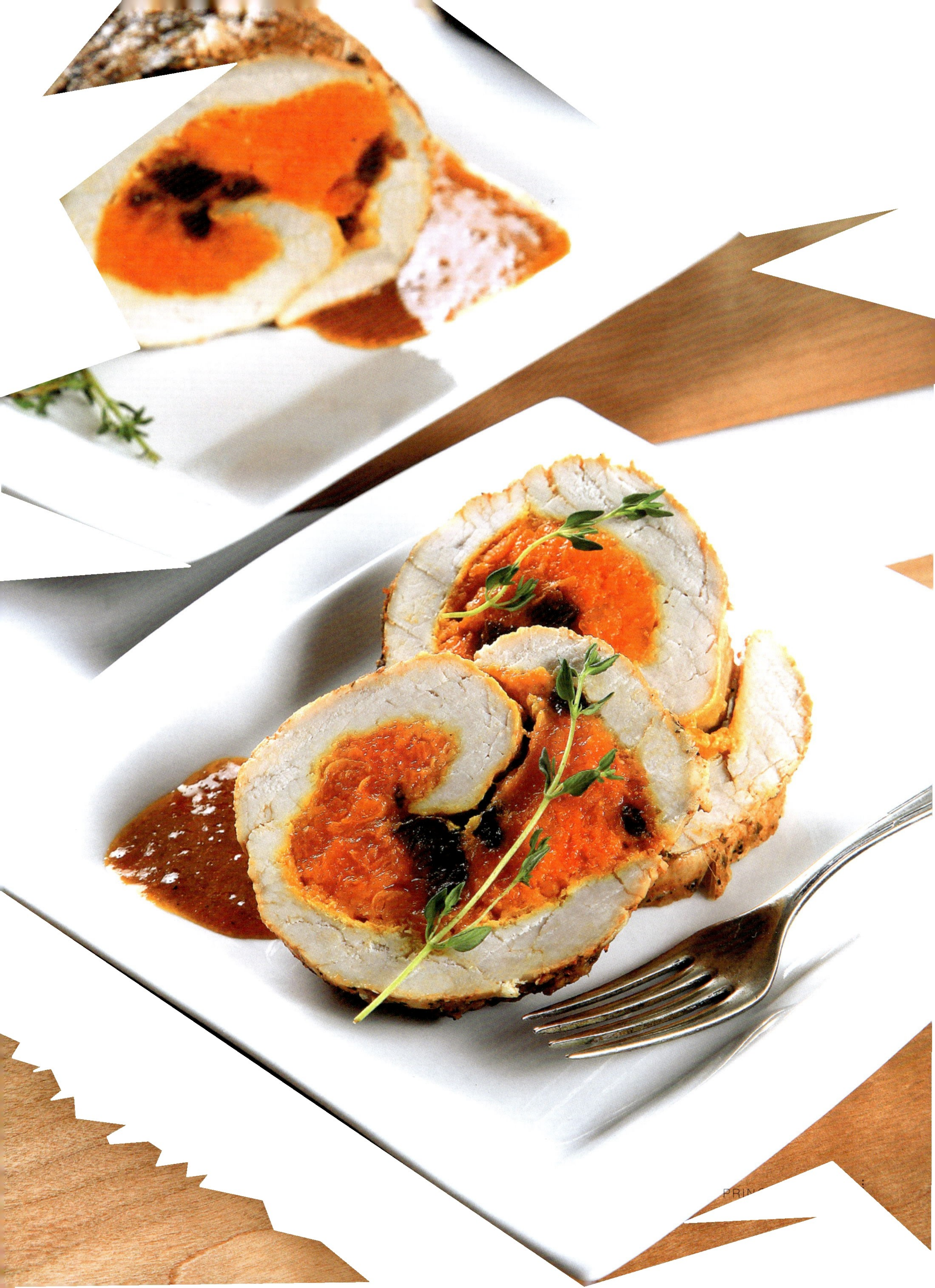

Medalhão de linguado e salmão ao *molho de romã*

INGREDIENTES
(4 pessoas)

MOLHO
300 g de semente de romã
350 ml de água
3 colheres (chá) de amido de milho
1 colher (chá) de mel

MEDALHÃO
360 g de filé de linguado
240 g de fatias de salmão defumado
1 colher (sobremesa) de *dill* picado
Um fio de azeite

ABOBRINHA E BERINJELA GRELHADAS
250 g de abobrinha italiana
200 g de berinjela
100 ml de azeite
15 ml de suco de limão
Ervas finas a gosto
Sal a gosto

MOLHO

1. Colocar água e as sementes de romã sem a parte branca no liquidificador. Pulse duas vezes, em seguida coe em uma peneira fina.

2. Leve esse caldo para uma frigideira, acrescente o amido de milho dissolvido em um pouco d'água, o mel e deixar ferver até adquirir a consistência desejada.

MEDALHÃO

3. Fatie o filé de linguado, com o peixe na longitudinal, em tiras de aproximadamente 0,5 cm de espessura. Passe o linguado no *dill*.

4. Pegue uma fatia do linguado envolto no *dill* e enrole em forma de medalhão. Pegue uma fatia de salmão defumado, envolva o linguado e faça um círculo. Repita esta montagem por duas ou três vezes.

5. Com um papel-alumínio dobrado com aproximadamente 2,5 cm, faça a volta e prenda o medalhão sem apertar muito.

6. Leve o medalhão a uma frigideira com o azeite e grelhe dos dois lados. Depois de grelhado, retire o papel-alumínio.

FINALIZAÇÃO

7. Quando o molho estiver na consistência desejada, coloque o medalhão dentro da frigideira para esquentar.

8. Coloque o medalhão no centro de um prato raso e quente e regue com o molho.

ABOBRINHA E BERINJELA GRELHADAS

9. Retire as extremidades dos vegetais e fatie-os pelo comprimento em uma espessura de 0,5 centímetro.

10. Aqueça uma frigideira de ferro (ou grelha que tenha sulcos na base).

11. Misture as ervas finas, o sal e o limão no azeite. Pincele a mistura nos vegetais

12. Coloque os vegetais sobre a grelha (ou frigideira). Grelhe até ficarem macios e chamuscados, com marquinhas de grelha (provocadas pelos sulcos).

13. Transfira-os para um prato grande e repita o procedimento com as outras fatias.

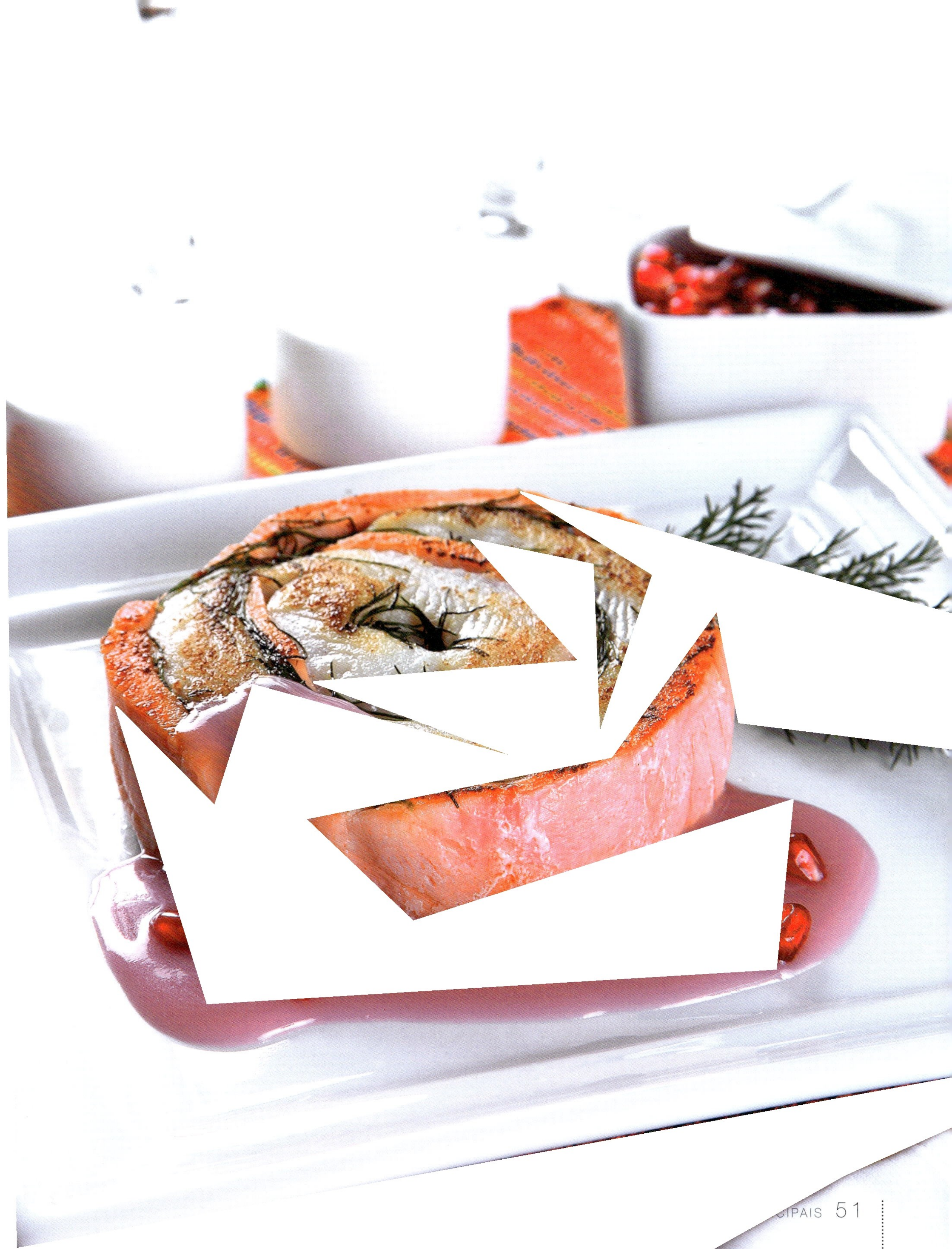

Mignon de porco com jabuticaba

INGREDIENTES
(4 pessoas)

GELEIA
500 g de jabuticaba
800 ml de água
100 g de açúcar

MIGNON DE SUÍNO
660 g de mignon suíno
100 ml caldo de frango
½ colher (sopa) de manteiga
Sal e pimenta a gosto
Azeite

BATATAS RECHEADAS COM QUEIJO EMMENTAL
4 batatas médias
70 g de bacon
200 g de queijo Emmental
200 ml de creme de leite fresco
2 colheres (sopa) de queijo parmesão ralado

GELEIA

1. Lave as jabuticabas, coloque-as em uma panela de inox ou teflon e cubra com água.

2. Leve ao fogo baixo e cozinhe. Vá pressionando com uma colher, para que elas se abram e soltem a polpa. Após cerca de 30 minutos, retire do fogo.

3. Coe amassando para extrair bem o suco. Leve o líquido à panela em fogo baixo e acrescente o açúcar. Mexa somente para dissolver o açúcar e vá retirando a borra que fica por cima da calda.

4. Deixe a calda reduzir à metade. Quando estiver grossa e espessa, demorando para cair da colher, desligue o fogo.

5. Divida em duas partes: uma para o mignon suíno e a outra coloque em vidros esterilizados para guardar na geladeira.

FILÉ

6. Limpe os filés, corte-os e bata na altura de 2,5 cm. Tempere com pimenta-do-reino e sal.

7. Em uma frigideira antiaderente, coloque um fio de azeite e grelhe. Reserve.

MOLHO

8. Em uma frigideira, coloque o caldo de frango e a calda de jabuticaba, mexa bem até ficar uma mistura homogênea. Deixe levantar fervura e reduzir. Quando reduzir, desligue o fogo, acrescente a manteiga e mexa.

FINALIZAÇÃO

9. Em uma travessa, coloque um pouco do molho, junte o mignon e cubra com o restante do molho.

10. Decore com ramos de alecrim ou jabuticabas inteiras.

BATATAS RECHEADAS COM QUEIJO EMMENTAL

11. Lave bem as batatas sem retirar as cascas. Cozinhe-as em água fervente.

12. Corte as batatas ao meio longitudinalmente e remova 50% da polpa com ajuda de uma colher.

13. Em uma frigideira, aqueça o bacon cortado em pequenos cubinhos até derreter toda a gordura. Escorra e reserve.

14. Triture o queijo Emmental. Reserve.

15. Em uma frigideira aquecida, coloque o creme de leite e junte o queijo até derreter.

MONTAGEM

16. Coloque o queijo sobre as batatas e salpique com o parmesão, leve ao forno para esquentar, retire e espalhe os *croutons* de bacon.

DICA

Decoração: use gotas de geleia para decorar o prato.

Preparo: a borra da geleia deve ser retirada durante o cozimento para que o molho não fique ácido.

PRINCIPAIS 53

Moqueca de caju

INGREDIENTES
(4 pessoas)

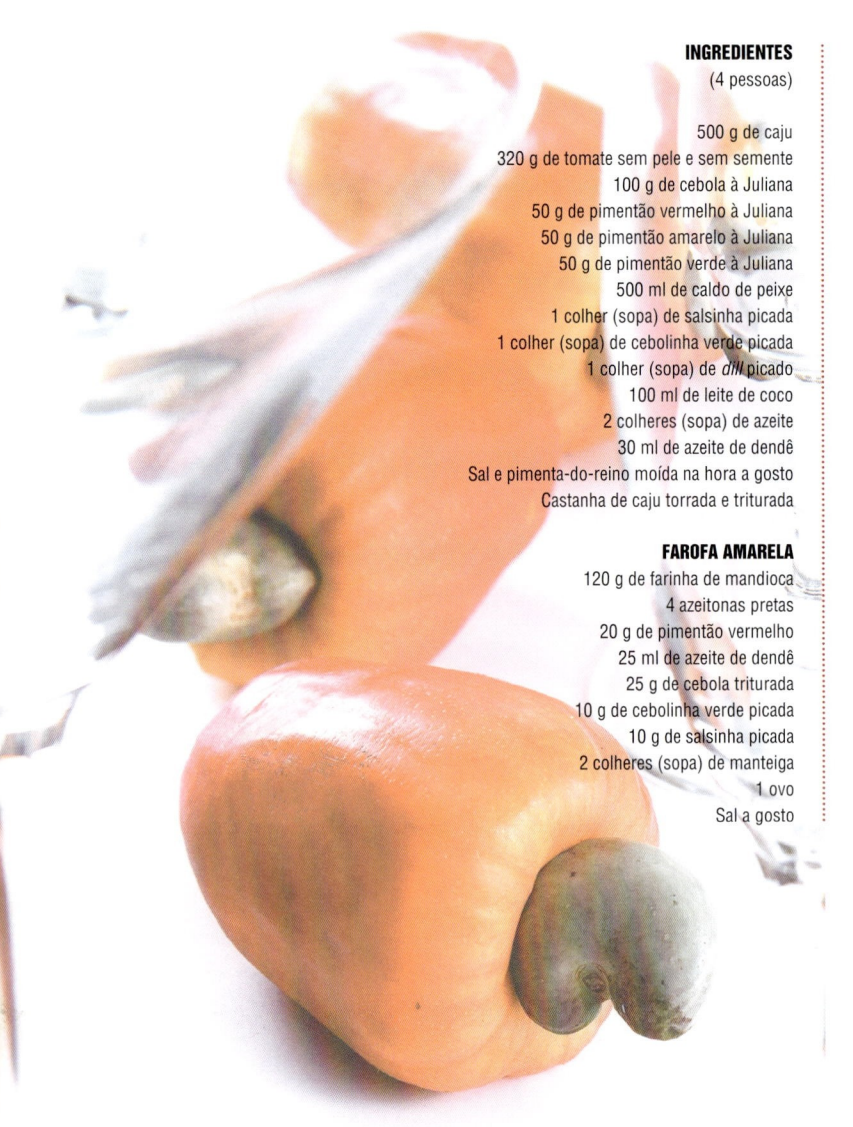

500 g de caju
320 g de tomate sem pele e sem semente
100 g de cebola à Juliana
50 g de pimentão vermelho à Juliana
50 g de pimentão amarelo à Juliana
50 g de pimentão verde à Juliana
500 ml de caldo de peixe
1 colher (sopa) de salsinha picada
1 colher (sopa) de cebolinha verde picada
1 colher (sopa) de *dill* picado
100 ml de leite de coco
2 colheres (sopa) de azeite
30 ml de azeite de dendê
Sal e pimenta-do-reino moída na hora a gosto
Castanha de caju torrada e triturada

FAROFA AMARELA
120 g de farinha de mandioca
4 azeitonas pretas
20 g de pimentão vermelho
25 ml de azeite de dendê
25 g de cebola triturada
10 g de cebolinha verde picada
10 g de salsinha picada
2 colheres (sopa) de manteiga
1 ovo
Sal a gosto

1. Corte as pontas do caju e retire a pele. Esprema para extrair o suco, em seguida corte-o em rodelas de 4 cm. Reserve.

2. Em uma panela de barro, monte camadas de cebola, tomate, pimentões e coloque metade do azeite. Por cima, coloque os cajus, o restante da cebola, tomate e pimentão.

3. Acrescente o caldo de peixe quente e deixe ferver até que os legumes comecem a murchar. Quando chegar a esse ponto, coloque o azeite, azeite de dendê, leite de coco e as ervas. Deixe cozinhar até que os legumes estejam no ponto.

4. Retire do fogo, coloque as castanhas trituradas e sirva.

FAROFA AMARELA

5. Corte o pimentão e a azeitona em cubos pequenos. Reserve.

6. Em uma frigideira, doure a cebola na manteiga. Em seguida, acrescente o pimentão e deixe cozinhar por 1 minuto, coloque o ovo e mexa até cozinhar. Acrescente a farinha de mandioca e o restante dos ingredientes. Mexa para misturar. Sirva.

DICA
O caju deve ser bem espremido para não ficar escuro.

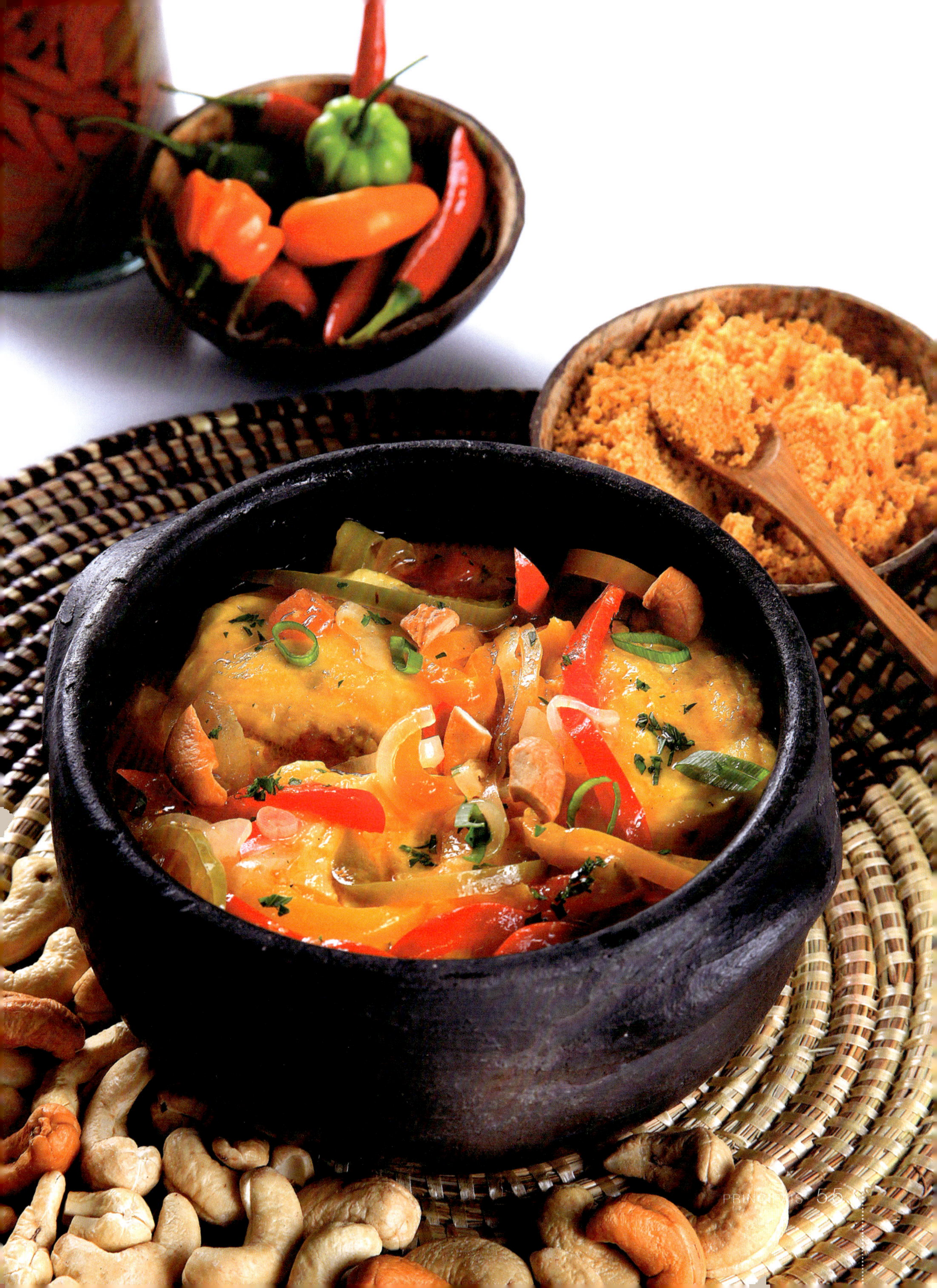

Peito de frango recheado com queijo brie e *molho de manga*

INGREDIENTES
(4 pessoas)

1 ½ manga
300 ml de água
1 colher (chá) de mel
1 pitada de sal
4 peitos de frango
140 g de queijo brie
3 ovos
150 g de farinha de rosca
Sal a gosto
1 litro de óleo de girassol

TORTA DE BATATA GRATINADA

400 g de batata
300 ml de leite
30 g de manteiga
50 g de queijo parmesão ralado
¾ de uma cebola média
Sal a gosto

MOLHO

1. Descasque as mangas e retire a polpa.

2. Coloque as polpas da manga no liquidificador e bata com água até dissolver.

3. Leve o suco da manga ao fogo em uma frigideira, assim que levantar fervura acrescente o mel e a pitada de sal. Deixe engrossar.

FRANGO

4. Com um batedor de bife, bata o peito do frango até ficar bem fininho (usar o "plástico de açougueiro" para não desmanchar a carne).

5. Coloque o queijo brie numa ponta do peito do frango e enrole tipo rocambole. Prenda as pontas com palitos. Passe no ovo batido e empane na farinha de rosca.

6. Quando o óleo estiver quente, coloque para fritar.

MONTAGEM

7. Corte os peitos de frango ao meio na diagonal, coloque em um prato raso e regue com o molho de manga.

TORTA DE BATATA GRATINADA

8. Descasque e fatie as batatas em lâminas bem finas. Reserve.

9. Numa tigela, coloque o leite, acrescente sal a gosto e vá inserindo as fatias de batatas.

10. Fatie a cebola bem fina. Reserve.

11. Unte uma assadeira pequena com manteiga e espalhe as batatas em camadas. Ao chegar ao meio da assadeira, acrescentar a cebola fatiada, espalhando bem. Em seguida, continue colocando as batatas até encher a assadeira. Coloque o leite e cubra com papel-alumínio.

12. Leve ao forno a 200ºC, deixando por aproximadamente 40 minutos.

13. Retire a assadeira do forno, tire o papel-alumínio, salpique o queijo parmesão ralado e leve novamente ao forno para gratinar.

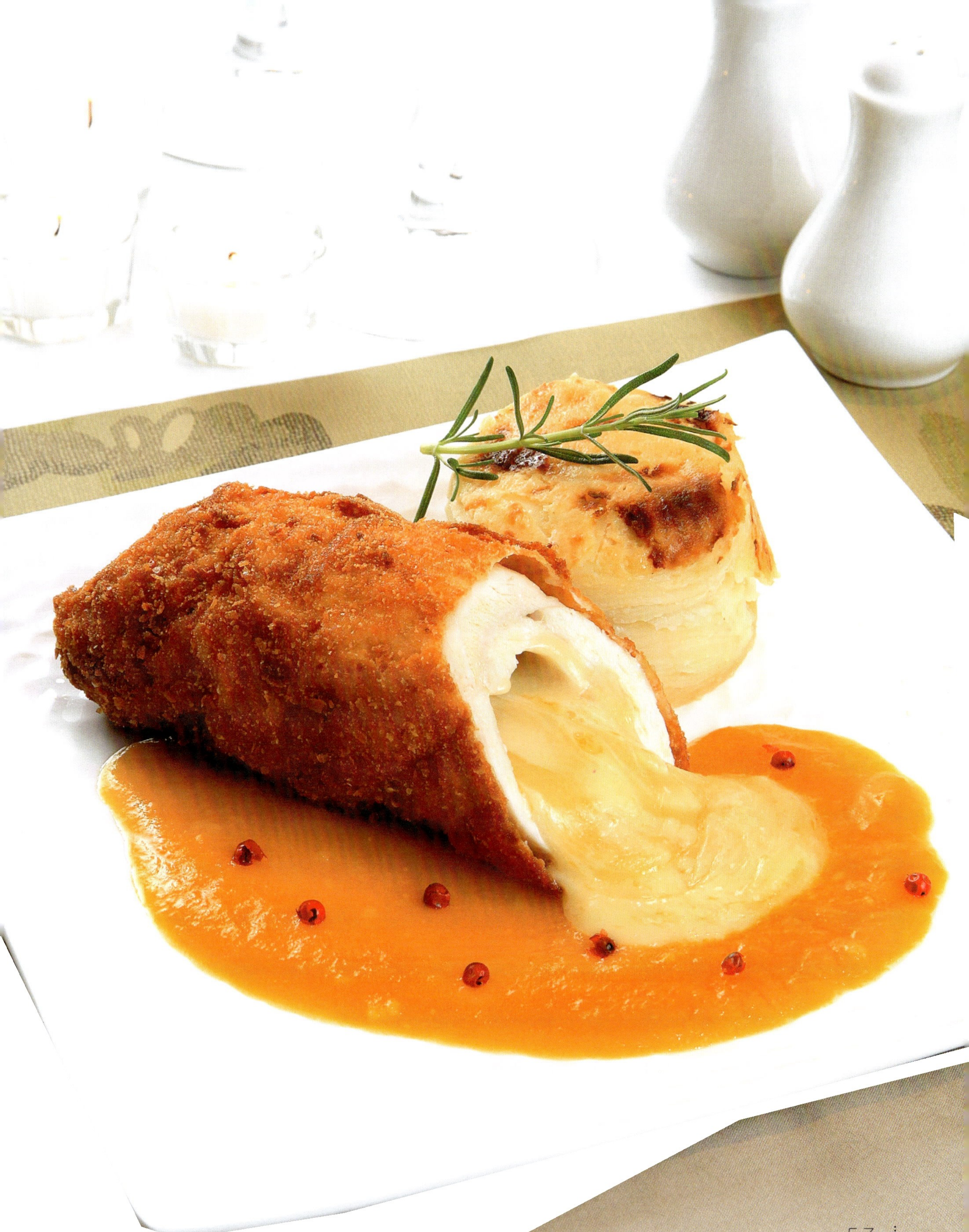

Peito de frango com recheio de damasco

INGREDIENTES
(4 pessoas)

4 peitos de frango
240 g de damasco seco
250 ml de vinho branco
2 colheres (sopa) de manteiga
1 colher (sopa) de cebola triturada

MOLHO
1 colher (sopa) de manteiga
½ colher (sopa) de cebola triturada
2 colheres (sopa) de mostarda amarela
500 g de creme de leite fresco

ASPARGOS VERDES
2 maços de aspargos frescos
1 colher (sopa) de manteiga
Sal a gosto

RECHEIO DE DAMASCO

1. Abra os damascos ao meio e deixe hidratar no vinho por 4 horas.

2. Retire os damascos do vinho e corte-os em finas lâminas.

3. Em uma frigideira, derreta a manteiga, doure a cebola e adicione o damasco. Espere levantar fervura e desligue o fogo. Reserve.

PEITO DE FRANGO

4. Com um batedor de bife, bata o peito de frango até ficar bem fininho (usar o "plástico de açougueiro" para não desmanchar a carne).

5. Coloque o peito de frango sobre um "plástico de açougueiro" e espalhe ¼ do recheio em uma das pontas.

6. Comece a enrolar em forma de rocambole, prenda bem o plástico para dar resistência - lembre-se de que o plástico não deve ficar no meio, serve apenas para dar resistência. Após enrolado, retire o plástico. Amarre uma das pontas com barbante e dê voltas até chegar ao outro lado do peito recheado. Repita o mesmo no restante das porções.

7. Os peitos serão cozidos no vapor para preservar os nutrientes e a textura. Em uma panela, coloque água, um galho de alecrim e deixe levantar fervura.

8. Coloque um cesto ou peneira acima da água e junte os peitos de frango recheados, deixando um espaço entre eles.

9. Deixe cozinhar por cerca de 15 minutos.

MOLHO DE MOSTARDA

10. Em uma frigideira, derreta a manteiga e doure a cebola. Junte o creme de leite à mostarda e deixe apurar.

FINALIZAÇÃO

11. Corte o frango em rodelas.

12. Em uma travessa, coloque um pouco do molho no fundo e posicione os frangos de modo que apareça o recheio.

13. Pegue o restante do molho e coloque sobre uma parte das rodelas.

ASPARGOS VERDES

14. Para tirar a casca dos aspargos, passe descascador de legumes na parte do caule - não passe nas pontas.

15. Amarre os aspargos com barbante. Reserve.

16. Aqueça água numa vasilha funda e estreita, coloque sal e mergulhe os aspargos deixando as pontas de fora. O vapor da água quente vai cozinhar as pontas no ponto certo.

17. O tempo de cozimento vai depender da espessura dos aspargos, mas não deve ultrapassar 6 minutos.

18. Retire os aspargos e corte um pouco da parte do caule, solte o barbante.

19. Em um frigideira, aqueça a manteiga e salteie os aspargos.

DICA
Os aspargos devem estar com caules firmes e sua cor deve ser verde e brilhante.

PRINCIPAIS 59

Penne com limão-siciliano e camarões

INGREDIENTES
(4 pessoas)

12 camarões grandes
40 ml de suco de limão-siciliano
400 ml de creme de leite fresco
100 ml de caldo de peixe
1 colher (sopa) de azeite
1 colher (sobremesa) de alho-poró triturado
50 ml de conhaque
15g de *roux*
Raspas de limão-siciliano
350 g de macarrão tipo penne
Sal e pimenta-do-reino a gosto

1. Descasque e limpe os camarões. Reserve cru. Tempere com uma pitada de sal e pimenta-do-reino moída na hora.

2. Em uma panela com água, coloque um fio de azeite e sal, deixe ferver. Assim que ferver, coloque a massa. Cozinhe de acordo com a orientação do fabricante.

3. Em uma frigideira, coloque o azeite para esquentar e junte o alho-poró. Quando murchar, coloque os camarões temperados.

4. Assim que os camarões começarem a pegar cor, junte o conhaque e flambe. Retire os camarões e reserve.

5. Na mesma frigideira, coloque o creme de leite e, assim que iniciar fervura, adicione o suco de limão, o *roux* e o caldo de peixe. Mexa bem e deixe ferver até engrossar.

6. Quando o molho estiver quase no ponto, retorne os camarões. Deixe esquentar e desligue o fogo.

FINALIZAÇÃO

7. Em uma travessa, coloque a massa cozida e cubra com o molho. Decore com os camarões e as raspas do limão-siciliano.

DICA

Como comprar camarão:
Os camarões frescos devem ter aspecto e cheiro fresco e suave, com cascas brilhantes. A textura do camarão fresco é firme, sendo que a casca deve estar presa ao corpo.

Só compre camarões congelados inteiros, pois parte do sabor se perde quando são congelados sem casca e a cabeça.

Quando o camarão é limpo, ele perde cerca de 50% do peso.

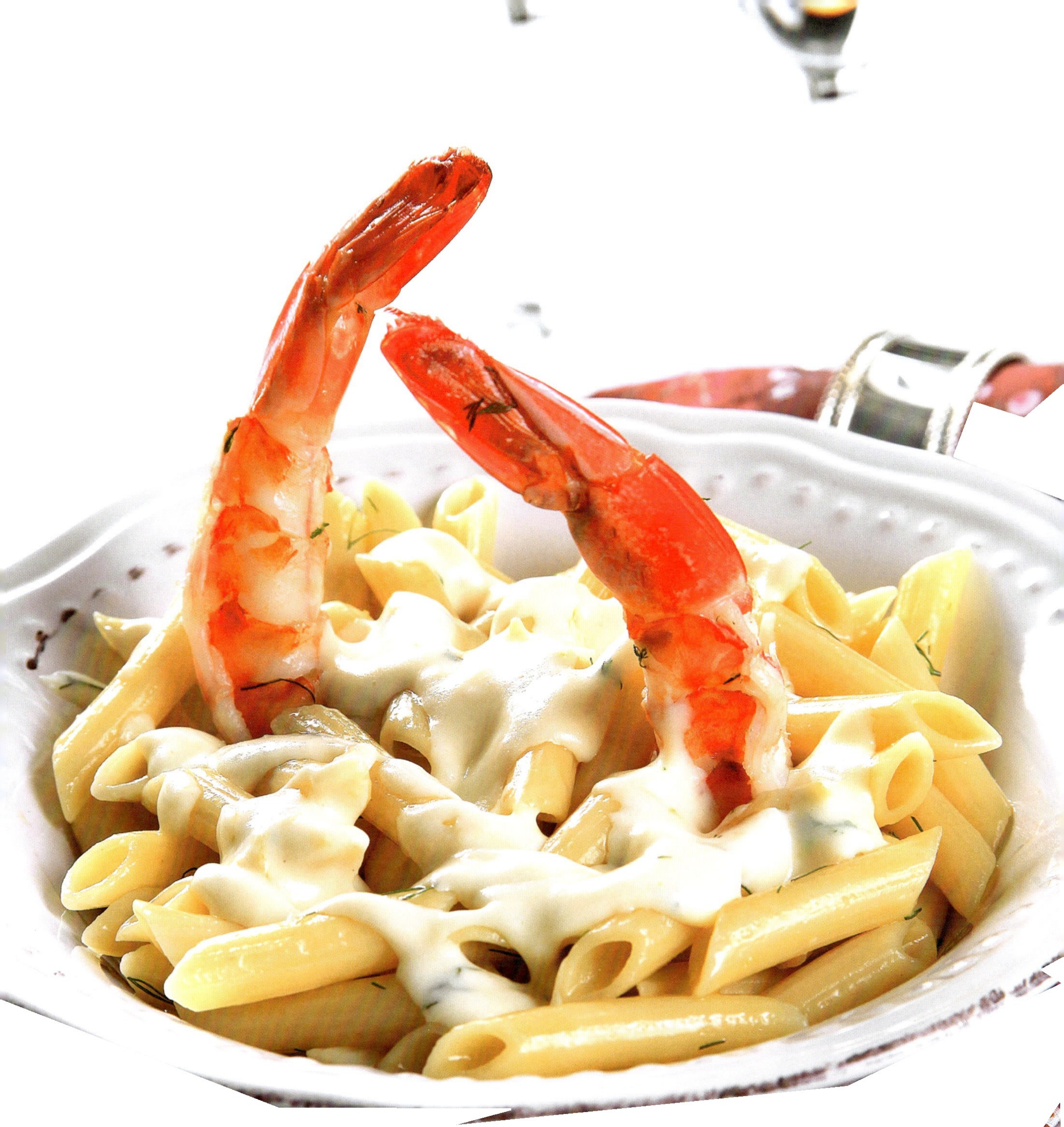

Peru recheado com damasco e nozes

INGREDIENTES
(4 pessoas)

1 peru (3 a 3,5 kg)
4 colheres (sopa) de manteiga

MARINADA
2 dentes de alho amassados
½ cebola ralada
2 folhas de louro
1 galho de tomilho
1 galho de alecrim
800 ml de vinho branco seco
Sal e pimenta-do-reino branca a gosto

RECHEIO
50 g de manteiga
280 g de damascos secos em tiras
75 g de nozes picadas
6 fatias de pão de forma sem casca e picado
25 ml de suco de laranja
250 ml de vinho branco
Tomilho e salsinha picados a gosto
Sal a gosto

FAROFA CLARA
170 g farinha de mandioca
2 ovos cozidos ralados
25 g de cebola picada
4 azeitonas verdes
1 galho de salsinha picada
2 colheres (sopa) de manteiga
Sal a gosto

MARINADA

1. Misture o vinho, o alho, a cebola, o louro, o sal, a pimenta-do-reino e esfregue este tempero dentro e fora do peru; acrescente o restante dos temperos e faça a mesma coisa. Deixe-o marinar de um dia para o outro. Reserve.

RECHEIO

2. Abra os damascos ao meio e deixe hidratar no vinho por 4 horas.

3. Retire os damascos do vinho e corte-os em finas lâminas.

4. Aqueça a manteiga em uma panela e refogue o damasco. Acrescente o pão de forma picado, as nozes, o suco de laranja, o cheiro-verde, o sal e misture bem até obter uma farofa úmida.

5. Recheie o peru com esta farofa e costure a abertura.

ASSANDO O PERU

6. Passe manteiga em todo o peru e coloque-o em uma assadeira junto com metade do caldo da marinada. Cubra com o papel-alumínio e leve ao forno pré-aquecido a 180ºC por aproximadamente 2 horas.

7. Em seguida, retire o papel-alumínio e deixe no forno por mais 30 minutos ou até que doure. De vez em quando, regue o peru com o molho que se formou na assadeira.

8. Decore com damasco e nozes na casca.

FAROFA CLARA

9. Tire os caroços das azeitonas e corte-as em cubos pequenos. Reserve.

10. Em uma frigideira, doure a cebola na manteiga, coloque as azeitonas picadas, os ovos e misture. Acrescente a farinha de mandioca e a salsinha, misture.

PRINCIPAIS 63

Polvo ao molho de tangerina e maçã

INGREDIENTES
(4 pessoas)

MOLHO
3 maçãs médias sem casca
500 ml de suco de tangerina
3 colheres (café) de gengibre ralado
20 g de manteiga sem sal
1 colher (sopa) de cebola triturada
40 g de *roux* claro

POLVO
2 polvos de 1 kg cada
40 ml de suco de limão-siciliano
3 dentes de alho amassados
1 galho de salsinha
2 colheres (sopa) de manteiga
5 grãos de pimenta-do-reino
Sal a gosto
1 pedaço de 5 cm do talo do salsão
1 folha de louro
3 litros de água

PURÊ DE BATATA COM PESTO
350 g de batata cozida e espremida
90 ml de leite
75 g de pesto
30 g parmesão
Sal a gosto

PESTO ALLA GENOVESE
12 galhos de folhas de manjericão
2 dentes de alho
20 g de pinólis
Sal grosso a gosto
50 g de pecorino (queijo de cabra) ralado
80 ml de azeite extravirgem

POLVO

1. Retire a bolsa de tinta nos olhos, lave o polvo em um fio de água corrente, bata o polvo contra uma tábua e enxágue novamente.

2. Encha uma panela funda com água e leve ao fogo, assim que ferver, coloque o polvo segurando-o pela cabeça para que os tentáculos entrem na água primeiro. Quando o polvo estiver mergulhado, acrescente todos os ingredientes do seu preparo e deixe cozinhar por 30 minutos.

3. Após o cozimento, retire do fogo, espere esfriar e corte os tentáculos. Reserve.

MOLHO

4. Bata no liquidificador a maçã sem a casca com o suco de tangerina. Coe.

5. Em uma frigideira, derreta a manteiga, junte a cebola, o gengibre e deixe dourar.

6. Após dourar, acrescente o suco das frutas e o *roux*. Com o *fouet,* mexa bem para dissolver. Deixe o molho engrossar, coloque os tentáculos do polvo e deixe esquentar. Sirva ainda quente.

FINALIZAÇÃO

7. Em uma travessa, coloque os tentáculos de polvo e cubra com o molho.

PURÊ DE BATATA COM PESTO

8. Cozinhe a batata em água fervente e sal. Esprema a batata cozida em uma frigideira, coloque o leite e misture até ficar homogêneo. Acrescente o molho pesto, misture e por último coloque o parmesão.

PESTO ALLA GENOVESE

9. Lave o manjericão e escorra. Num processador, pique as folhas de manjericão, o alho, os pinólis e uma pitada de sal grosso. Pouco a pouco, adicione o queijo ralado até obter uma pasta homogênea. Por fim, adicione o azeite até que a massa fique cremosa.

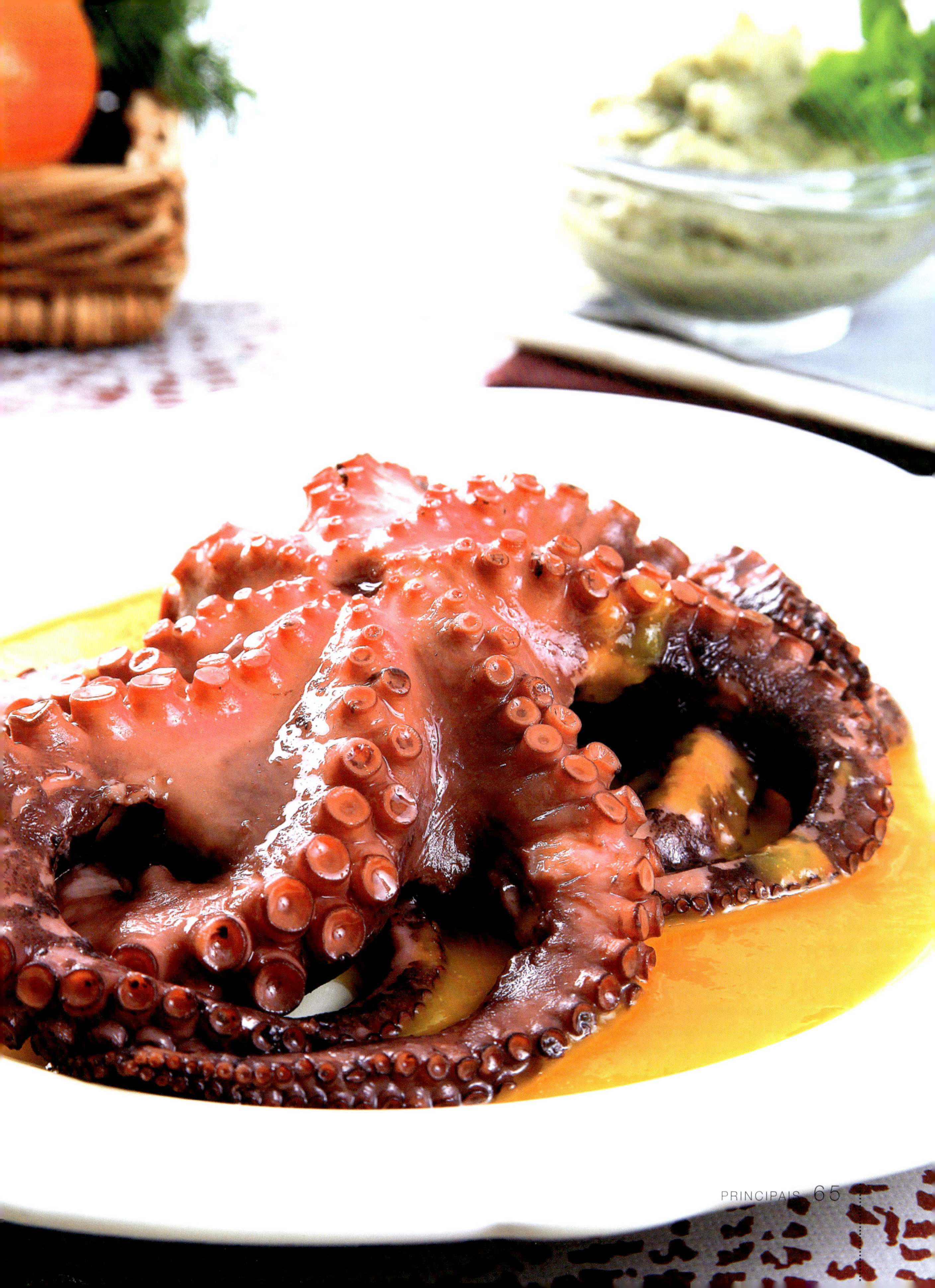

Raviolone de figo fresco

INGREDIENTES
(4 pessoas)

MASSA
400 g de farinha de trigo
4 ovos inteiros
1 gema
1 pitada de sal

RECHEIO
6 figos frescos
60 g de parmesão ralado
1 pitada de noz-moscada

MOLHO
80 g de manteiga
Folhas de sálvia fresca triturada
Sal a gosto

MASSA

1. Faça um monte com a farinha e abra um círculo no meio.

2. Coloque os ovos e mexa com um garfo, de dentro para fora, com movimentos circulares.

3. Em seguida, amasse com a mão, bem amassado, até ficar uniforme.

4. Envolva a massa com papel-filme e deixe descansar na geladeira por 15 minutos.

5. Abra a massa com um rolo ou uma máquina de macarrão (cilindro). Em qualquer uma das opções, abra a massa, em seguida dobre-a como um envelope e torne a abri-la. Repita este procedimento pelo menos 9 vezes, isso garantirá que entre ar na massa, deixando-a mais fácil de abrir.

RECHEIO

6. Lave os figos, retire a casca e corte-os em cubos de 0,5 cm.

7. Em um *bowl*, coloque os figos, acrescente o parmesão e a noz-moscada; misture bem para virar uma pasta. Reserve.

FAZENDO OS RAVIÓLIS

8. Abra a massa em duas folhas bem finas (1 mm de espessura).

9. Numa das folhas de massa, faça montinhos de recheio com 2 colheres (chá) cheias, deixando a distância de 6 centímetros entre eles.

10. Cubra os montinhos com a outra folha de massa.

11. Aperte com os dedos os espaços entre os montinhos para juntar as duas folhas. Com o cortador de macarrão, corte em quadrados.

12. Cozinhe-os em bastante água e sal.

13. Escorra e reserve.

MOLHO

14. Em uma frigideira, derreta a manteiga e coloque as folhas de sálvia. Salteie os raviólis cozidos.

FINALIZAR

15. Coloque os raviólis no prato e decore com folhas de figo ou com a própria fruta cortada em forma de leque.

DICA
O molho pode ser mudado para bechamel.

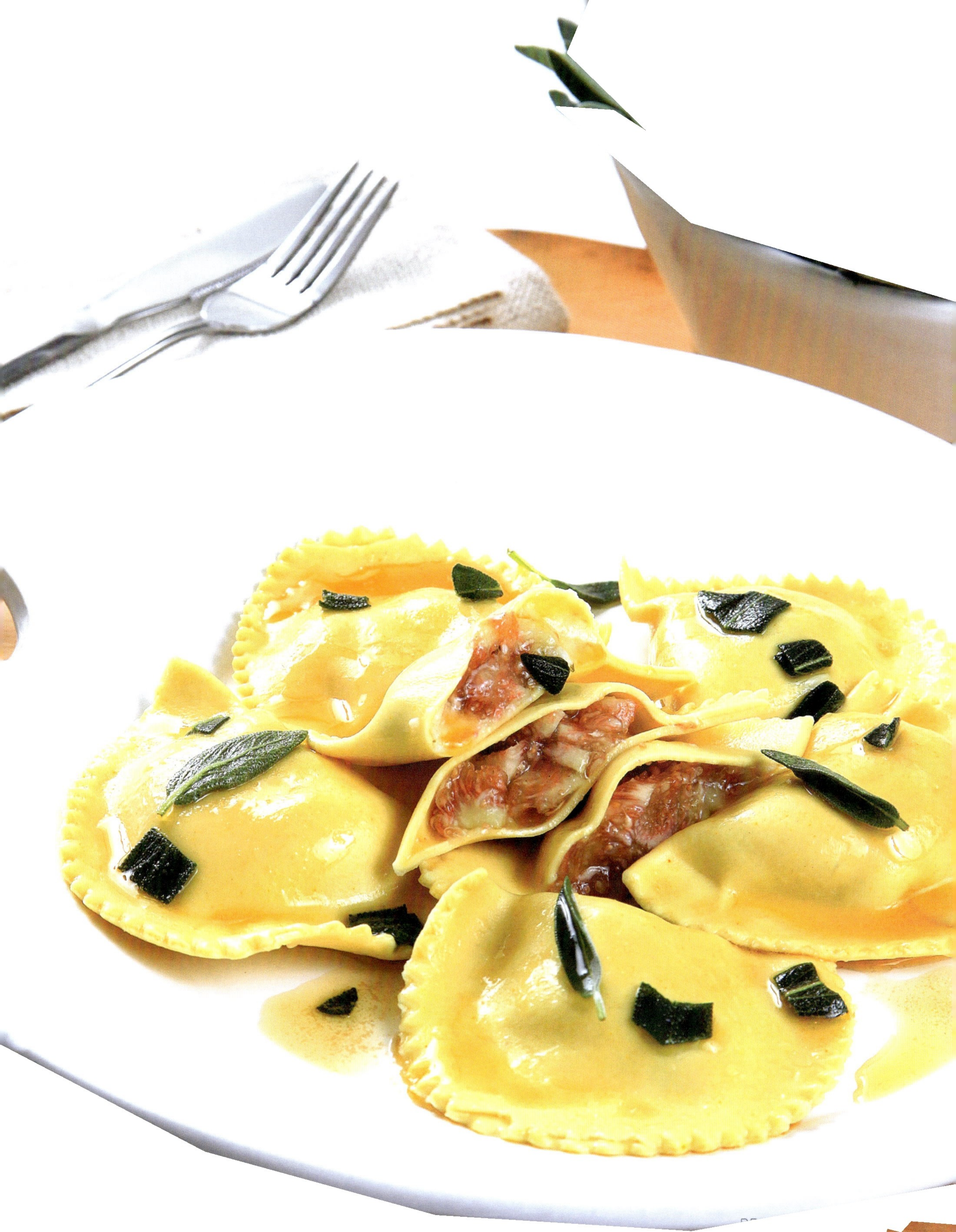

Risoto de figo

INGREDIENTES
(4 pessoas)

1300 ml de caldo de legumes
12 figos frescos
1 colher (sopa) de cebola triturada
1 colher (sopa) de alho-poró triturado
3 colheres (sopa) de manteiga
170 ml de vinho branco seco
2 colheres (sopa) de parmesão ralado
400 g de arroz arbório

MEDALHÕES DE ALCATRA
400 g de miolo de alcatra
1 colher (sobremesa) de cebola triturada
10 g de *roux* escuro
1 colher (sopa) de manteiga
150 ml de vinho tinto
100 ml de vinho do Porto
Sal e pimenta-do-reino a gosto

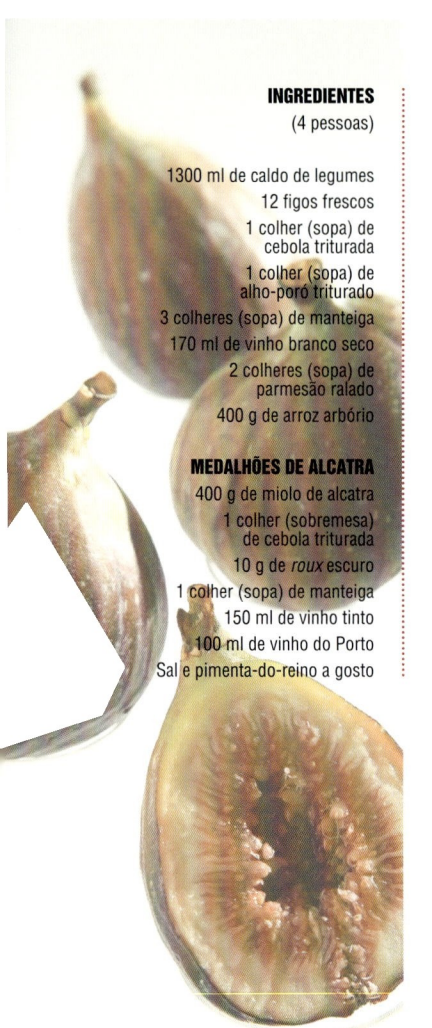

1. Lave bem os figos. Descasque 8 e corte-os em cubos de aproximadamente 2 cm. Reserve.

2. Em uma panela de fundo grosso, derreta duas colheres (sopa) de manteiga, coloque o alho-poró e, assim que murchar, junte a cebola e doure. Acrescente o arroz e refogue bem.

3. Adicione o vinho branco, mexa e deixe evaporar o álcool. Adicione uma concha do caldo de legumes quente e mexa até que o líquido seja totalmente absorvido. Quando o arroz parecer quase seco, adicione outra concha e repita o processo. Para evitar queimar, é importante mexer constantemente, especialmente quando o líquido for absorvido – adicione a concha seguinte logo que o arroz ficar quase seco.

4. Após cerca de 15 minutos, acrescente o figo. Coloque o caldo aos poucos e continue mexendo. Quando estiver quase no ponto (*al dente*), acrescente o parmesão e mexa. Desligue o fogo e coloque o restante da manteiga.

MEDALHÕES DE ALCATRA

5. Corte a carne em 4 bifes.

6. Em uma frigideira ou chapa, grelhe a carne no ponto desejado.

MOLHO

7. Em um frigideira, aqueça a manteiga e doure a cebola. Em seguida, junte o vinho tinto, o *roux* e o alecrim. Deixe reduzir.

8. Acrescente o vinho do Porto e deixe engrossar até adquirir uma consistência de molho.

MONTAGEM

9. Em pratos aquecidos, despeje um pouco do molho de vinho, coloque a carne sobre o molho e o risoto ao lado.

10. Decore com figos laminados e alecrim.

DICA
O fogo deve ser forte no início (até que o vinho evapore) e médio durante a absorção do caldo, para propiciar um cozimento constante e uniforme em todas as camadas de arroz.

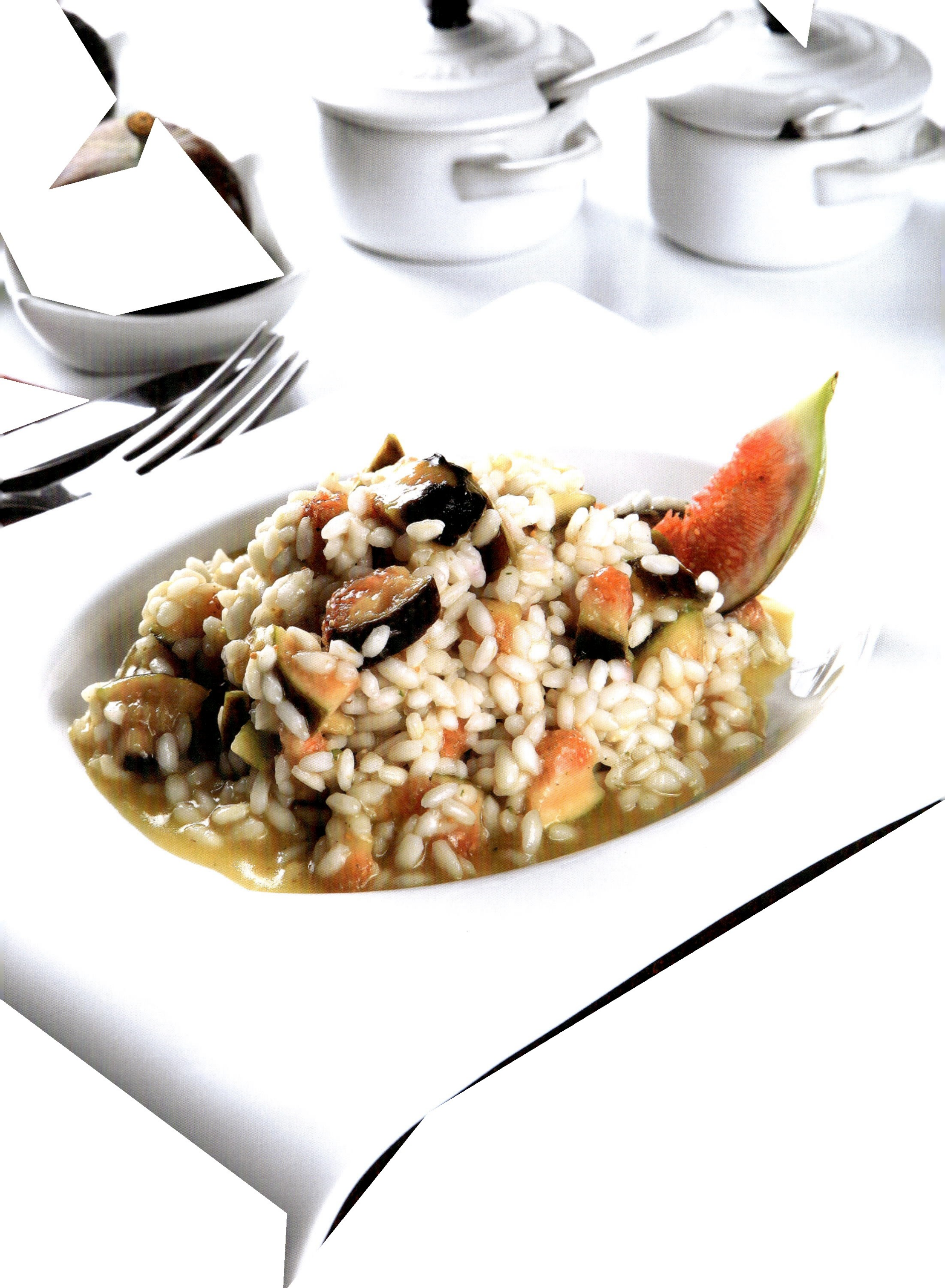

Risoto de morango com camarões

INGREDIENTES
(4 pessoas)

RISOTO DE MORANGO COM HORTELÃ
1200 ml de caldo de legumes
½ colher (sopa) de cebola triturada
½ colher (sopa) de alho-poró triturado
2 colheres (sopa) de manteiga
150 ml de vinho branco seco
300 g de arroz arbório
20 morangos grandes cortados
30 folhas grandes de hortelã picadas

MOLHO DO CAMARÃO
16 camarões grandes
2 colheres (sopa) de azeite
1 colher (chá) cheia de gengibre ralado
3 galhos de alecrim
1 colher (café) de ervas finas
2 colheres (café) de cebola triturada
3 xícaras (chá) de caldo bisque

RISOTO

1. Lave bem os morangos e corte-os em cubos de aproximadamente 2 cm. Reserve.

2. Em uma panela de fundo grosso, derreta uma colher (sopa) de manteiga e acrescente o alho-poró, assim que começar a murchar, coloque a cebola e deixe dourar.

3. Quando estiver dourado, coloque o arroz e refogue até os grãos começarem a grudar na panela, junte o vinho branco, mexa e deixe evaporar.

4. Acrescente uma concha do caldo de legumes quente e vá mexendo sempre. Conforme for secando, coloque mais caldo. Durante esse processo o arroz libera amido e cozinha.

5. Após cerca de 15 minutos, acrescente os morangos. Se necessário, coloque aos poucos mais caldo e continue mexendo. Quando estiver quase no ponto (*al dente*), desligue o fogo, acrescente a hortelã picada e o restante da manteiga; mexa e sirva.

MOLHO DO CAMARÃO

6. Com uma faca pequena, abra os camarões pelas costas tomando o cuidado para não abrir em duas partes. Tempere com sal.

7. Em uma frigideira, aqueça o azeite, coloque o gengibre e os galhos de alecrim, junte os camarões e deixe grelhar.

8. Quando os camarões começarem a pegar a cor, coloque a cebola, as ervas finas, misture e deixa murchar. Acrescente o caldo bisque e cozinhe.

9. Retire os camarões e aguarde engrossar o caldo. Reserve.

FINALIZAÇÃO

10. Em um prato raso, posicione um aro redondo no meio e recheie com o risoto. Coloque os camarões abertos ao redor. Cubra com um pouco do molho e sirva ainda quente.

DICA
Os morangos devem estar firmes.

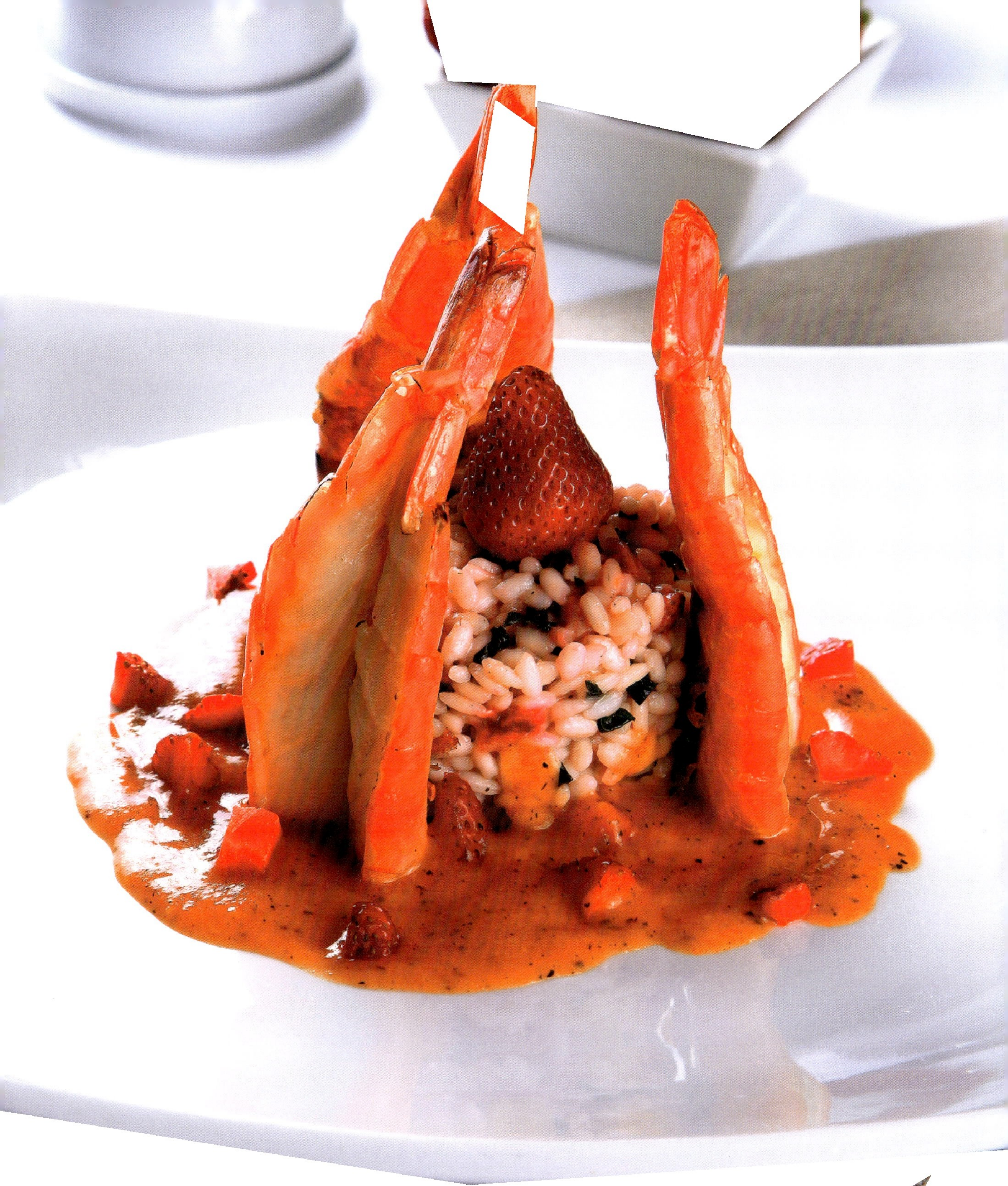

Risoto de nêspera

INGREDIENTES
(4 pessoas)

1300 ml de caldo de legumes
15 nêsperas médias
1 colher (sopa) de cebola triturada
1 colher (sopa) de alho-poró triturado
3 colheres (sopa) de manteiga
170 ml de vinho branco seco
100 g de queijo brie em cubos
400 g de arroz arbório

1. Lave bem as nêsperas, descasque, retire o caroço e corte-as em cubos de aproximadamente 2 cm. Reserve.

2. Misture 1/3 das nêsperas cortadas e bata no liquidificador com o caldo de legumes.

3. Leve ao fogo baixo.

4. Em uma panela de fundo grosso, derreta duas colheres (sopa) de manteiga, coloque o alho-poró e deixe murchar. Acrescente a cebola para dourar, em seguida misture o arroz e refogue bem.

5. Adicione o vinho branco, mexa e deixe evaporar todo o álcool. Junte uma concha do caldo de legumes batido ao arroz e mexa até que o líquido seja totalmente absorvido. Quando o arroz parecer quase seco, adicione outra concha do caldo e repita quantas vezes for necessário - é desta forma que o amido se solta dos grãos e garante a cremosidade.

6. Após cerca de 12 minutos, acrescente o queijo brie e misture bem para derreter. Quando estiver derretido, coloque as nêsperas e misture para murchar.

7. Assim que chegar ao ponto (*al dente*), desligue o fogo e coloque uma colher (sopa) de manteiga.

DICA

A nêspera para o risoto deve estar firme, nem dura demais, nem murcha. Retire a membrana da parte interna da fruta.

Combina muito bem com carnes brancas.

Sirva com uma fatia de queijo brie.

PRINCIPAIS 73

Risoto de romã

INGREDIENTES
(4 pessoas)

200 g de semente de romã para o suco
400 ml de água
600 ml de caldo de legumes
1 colher (sopa) de alho-poró triturado
3 colheres (sopa) de manteiga
170 ml de vinho tinto seco
400 g de arroz arbório
50 g de romã para o risoto

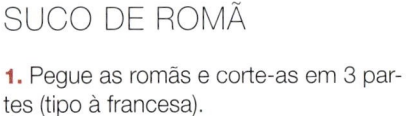

SUCO DE ROMÃ

1. Pegue as romãs e corte-as em 3 partes (tipo à francesa).

2. Em seguida, retire as sementes. Não deixe a parte branca.

3. Separe a quantidade necessária das sementes e bata com água no liquidificador. Faça apenas uma pequena pulsão, sem deixar virar uma pasta.

4. Coe o suco em uma peneira fina. Misture com o caldo de legumes e leve ao fogo para aquecer.

RISOTO

5. Em uma panela, derreta 2 colheres (sopa) de manteiga.

6. Coloque o alho-poró e, assim que murchar, adicione o arroz. Refogue.

7. Adicione o vinho tinto, mexa e deixe evaporar.

8. Junte o caldo de legumes com o suco de romã para cobrir o arroz e mexa constantemente. Após cerca de 15 minutos, acrescente o restante das sementes de romã. Coloque o caldo aos poucos e continue mexendo. Quando estiver no ponto (*al dente*), desligue o fogo e junte a a manteiga restante.

DICA

A romã mancha quase tudo.
É aconselhável usar um avental.

Decore com alguns grãos de semente crus.

Ideal como acompanhento de lombo grelhado.

PRINCIPAIS 75

Purê de *banana-da-terra* com robalo em crosta de amêndoas

INGREDIENTES
(4 pessoas)

PURÊ DE BANANA
2 bananas-da-terra
1 colher (sopa) de manteiga
200 ml de leite integral
2 colheres (chá) de gengibre ralado
1 pitada de sal

ROBALO
800 g de robalo com pele
1 colher (sopa) de azeite
2 colheres (sopa) de manteiga
2 colheres (sopa) de água
100 g de amêndoas laminadas
2 colheres (sopa) de farinha de rosca
Sal e pimenta-do-reino branca a gosto

PURÊ

1. Lave as bananas com a casca.

2. Em água fervente, cozinhe as bananas com casca por 30 minutos. Assim que a casca estourar, verifique o ponto de cozimento com um garfo.

3. Quando estiver cozida, retire da água, descasque e passe no espremedor. Reserve.

4. Em uma frigideira, derreta a manteiga, coloque o gengibre e deixe dourar, acrescente a banana e misture bem. Junte o leite, o sal e misture até ficar homogêneo.

ROBALO

5. Tempere as porções do robalo com sal e pimenta.

6. Leve a uma frigideira e sele com o azeite, deixando úmido por dentro.

7. Triture as amêndoas. Em uma frigideira, derreta a manteiga, coloque as amêndoas, farinha de rosca, água e misture. Desligue o fogo.

8. Em um refratário, coloque o robalo selado, a farofa de amêndoas por cima e leve ao forno a 200°C por 5 minutos.

FINALIZAÇÃO

9. Em um prato quente, coloque o purê de banana e o robalo por cima. Decore com um fio de azeite de ervas.

DICA
O robalo pode ser substituído por filé de pintado ou salmão.

O gengibre pode ser substituído por pimenta-dedo-de-moça.

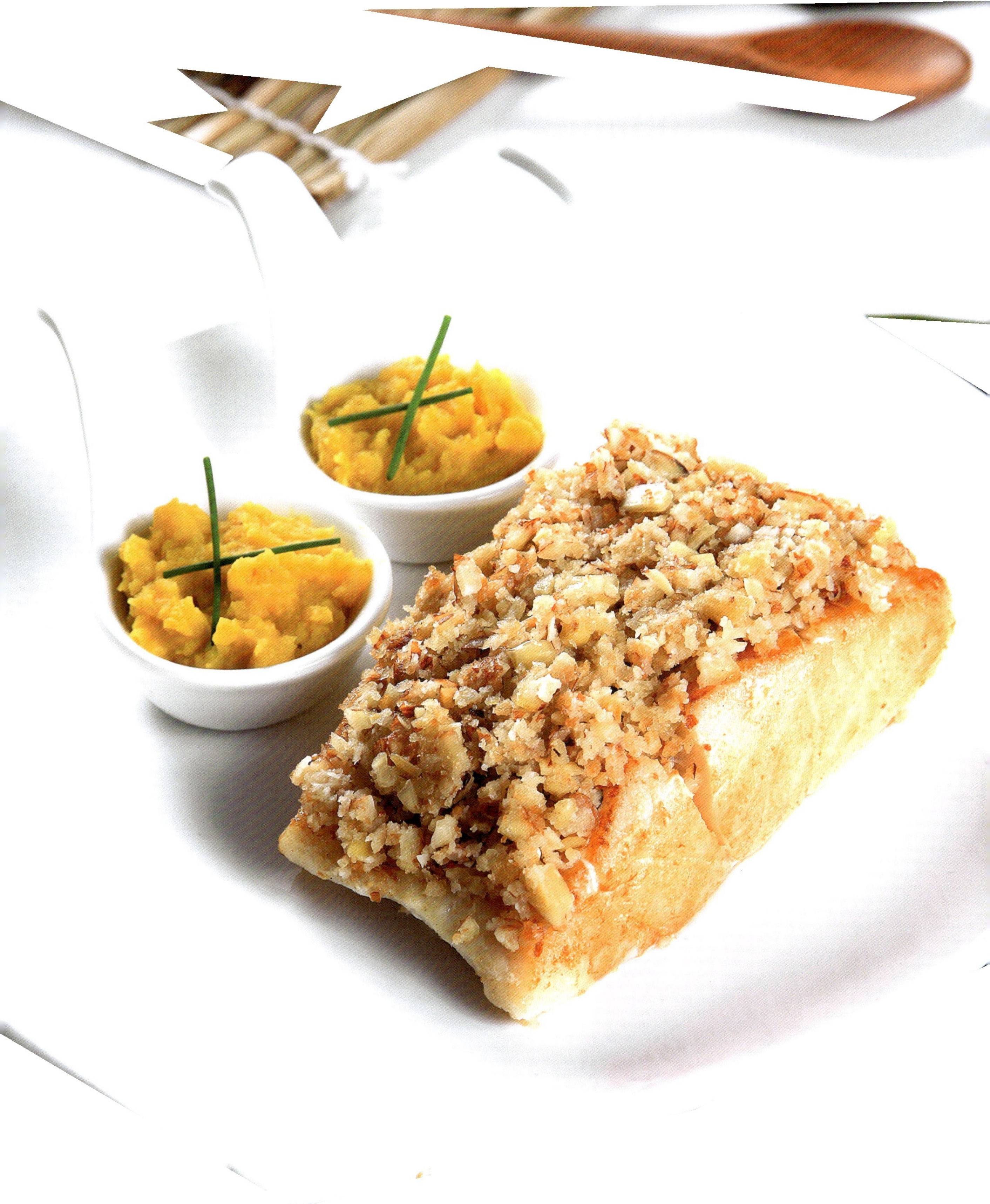

Salmão ao molho de maçã

INGREDIENTES
(4 pessoas)

3 maçãs
720 g de filé de salmão
2 colheres (sopa) de manteiga
1 colher (sopa) de cebola triturada
60 ml de conhaque
400 ml de creme de leite fresco
120 g de requeijão cremoso

RISOTO DE ESPUMANTE COM AMÊNDOAS

1 colher (sopa) de alho-poró triturado
2 colheres (sopa) de manteiga
20 g de parmesão ralado
60 g de amêndoas
375 ml (½ garrafa) de espumante
400 ml de caldo de legumes
250 g de arroz arbório

SALMÃO

1. Tempere os filés de salmão com sal, grelhe e reserve.

2. Com um boleador, faça bolinhas na maçã descascada. Reserve as bolinhas.

3. Em uma frigideira, derreta a manteiga e doure a cebola, junte as bolinhas de maçã e flambe com o conhaque.

4. Assim que o álcool evaporar, acrescente o creme de leite e deixe ferver. Junte o requeijão e aguarde engrossar.

FINALIZAÇÃO

5. No fundo de um prato aquecido, despeje um pouco do molho e, sobre ele, coloque o salmão grelhado. Por cima, jogue o restante do molho.

RISOTO DE ESPUMANTE COM AMÊNDOAS

6. Preparando as amêndoas: Leve uma panela com água para ferver.

7. Desligue o fogo e acrescente as amêndoas na água quente. Deixe por 3 minutos, escorra a água, retire a pele e fatie as amêndoas.

8. Leve as amêndoas ao forno em temperatura baixa e deixe aquecer por 8 minutos.

9. Em uma panela de fundo grosso, derreta uma colher (sopa) de manteiga e doure o alho-poró. Em seguida, adicione 1/3 do espumante (sem gelo), mexa e deixe evaporar todo o álcool. Acrescente a primeira concha de caldo quente e mexa constantemente - não se esqueça de esfregar o fundo da panela para que o arroz não grude.

10. Vá acrescentando outra concha de caldo e, assim que secar, coloque o que faltava do espumante. Essa etapa leva cerca de 15 minutos.

11. Junte as amêndoas laminadas e mexa. Experimente o arroz e observe a textura. Assim que chegar ao ponto (*al dente*), desligue o fogo, acrescente o parmesão e a manteiga restante. Misture.

PRINCIPAIS 79

Talharim com figo fresco

INGREDIENTES
(4 pessoas)

400 g de talharim
2 colheres (sopa) de manteiga
½ pé de chicória cortada em pedaços de 1,5 cm
400 ml de creme de leite fresco
50 g de queijo parmesão ralado
4 figos não muito maduros (sem casca e cortados em cubos)
1 colher (sopa) de cebola triturada

DECORAÇÃO
4 figos cortados em quatro com casca
1 colher (sopa) de manteiga sem sal
40 ml de uísque
Pimenta-do-reino moída na hora

TALHARIM

1. Coloque para ferver 4 litros de água e adicione o sal. Quando a água estiver fervendo, coloque a massa e deixe cozinhar.

2. Aqueça a manteiga em uma panela, em seguida doure a cebola. Acrescente o creme de leite e o queijo ralado. Cozinhe em fogo baixo até engrossar. Adicione os figos e a chicória ao molho, mexa delicadamente por 2 minutos.

DECORAÇÃO

3. Lave os figos e corte-os em quatro com a casca.

4. Em uma frigideira, derreta a manteiga, coloque os figos e salteie. Quando começar a desmanchar, acrescente o uísque, flambe para retirar o excesso de álcool, acrescente a pimenta e retire do fogo.

FINALIZAÇÃO

5. Escorra o macarrão assim que ele estiver no ponto. Misture com o molho e leve para uma travessa. Decore com os figos flambados.

DICA

O uísque pode ser substituído por vodca.

Pode ser utilizada massa amarela ou verde.

PRINCIPAIS 81

Sobremesas

A sobremesa é a arte final de uma preparação, marcada por momentos de enorme satisfação e prazer. Delicie-se com as receitas que misturam frutas e ingredientes nobres que realçam seu sabor tornando-o inesquecível.

SOBREMESAS 83

Crepe de Cupuaçu

INGREDIENTES
(4 pessoas)

RECHEIO DE CUPUAÇU
660 g de polpa fresca de cupuaçu
40 g de açúcar
150 ml de água

CREPE
250 ml de leite
150 g de farinha de trigo
20 g de manteiga sem sal
1 ovo
20 g de açúcar

CALDA DE AMORA
385 g de amora fresca
100 g de açúcar
100 ml de água

RECHEIO DE CUPUAÇU

1. Como tirar a polpa do cupuaçu: abra a fruta ao meio e separe a polpa com caroços (150 g) para a receita. Com uma tesoura de ponta fina ou uma faca de legumes, corte a polpa em volta dos caroços, separando-os.

2. Em uma frigideira antiaderente, derreta o açúcar até ficar homogêneo. Acrescente a polpa de cupuaçu e a água. Deixe apurar bem até que a polpa se dissolva por completo e a água evapore. Retire do fogo, espere esfriar e reserve.

CREPE

3. Junte o leite, manteiga, ovo e açúcar no liquidificador e bata até ficar uma mistura homogênea. Continue batendo e vá acrescentando a farinha de trigo aos poucos. Desligue o liquidificador após 1 minuto.

4. Aqueça a panquequeira (ou frigideira antiaderente) em fogo baixo. Para não grudar, unte com manteiga a cada crepe que for feito.

5. Coloque duas colheres (sopa) de massa na frigideira e espalhe bem. Deixe dourar um pouco, vire e retorne ao fogo. Tome cuidado para não queimar o crepe e não deixá-lo grudar.

CALDA DE AMORA

6. Em uma frigideira, leve o açúcar ao fogo para derreter. Acrescente a água, mexa para o açúcar dissolver e coloque as amoras para cozinhar até se desmancharem. Retire do fogo e bata no liquidificador. Coe e reserve.

FINALIZAÇÃO

7. Em um prato, coloque os crepes abertos e recheie com a calda do cupuaçu. Dobre o crepe ao meio e repita a dobra.

8. Decore com a calda de amora. Um bom acompanhamento é o sorvete de pistache.

DICA

O açúcar derretido ou queimado é que determina a cor da calda de cupuaçu que pode ser clara ou dourada.

Escolha os frutos mais pesados. Se estiverem leves, pode significar que a polpa esteja seca.

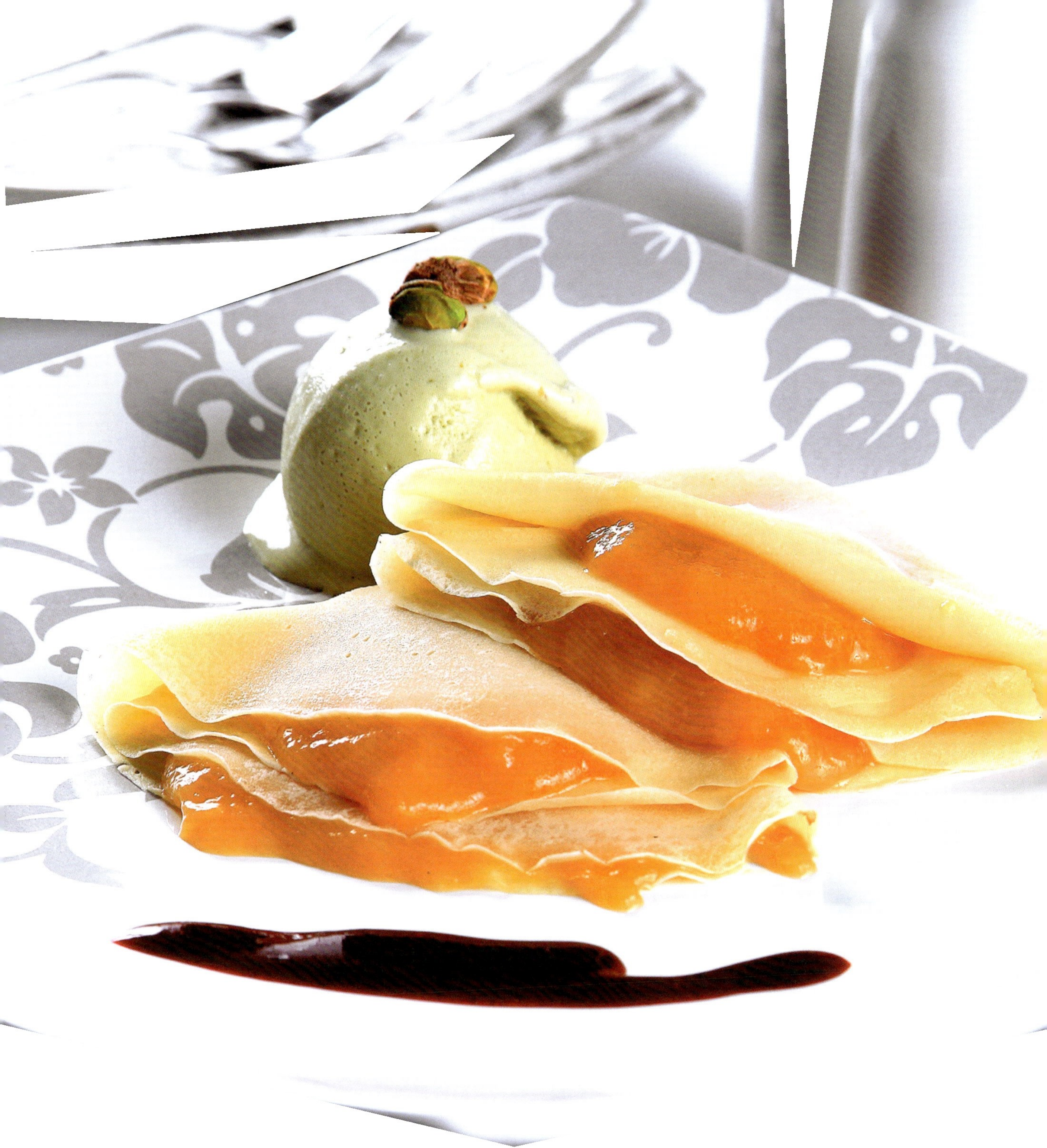

Frutas vermelhas flambadas

INGREDIENTES
(4 pessoas)

20 g de manteiga sem sal
1 colher (sopa) de açúcar
16 morangos médios
16 amoras
20 framboesas
12 cerejas
150 ml de suco de laranja
2 fatias de casca de laranja
2 fatias de casca de limão
30 ml de conhaque
30 ml de licor de laranja

1. Separe 8 morangos e corte-os em quatro partes. Corte 6 cerejas ao meio. Reserve.

2. Em uma frigideira, coloque a manteiga com as cascas de laranja e limão. Quando a manteiga dissolver, acrescente o açúcar e misture. Cuidado para não queimar.

3. Prenda a casca do limão com um garfo e esfregue no fundo da frigideira, mexendo.

4. Quando o açúcar começar a ficar caramelizado, coloque o suco de laranja e continue mexendo para que o açúcar se dissolva no suco.

5. Após levantar fervura, coloque os morangos e as cerejas em pedaços. Pressione o morango contra a frigideira para que a fruta se dissolva.

6. Quando o morango começar a se dissolver, acrescente metade das framboesas - que também irão se dissolver até serem incorporadas à calda.

7. Quando a calda engrossar, acrescente o restante das frutas inteiras: morangos, amoras, framboesas e cerejas. Assim que amolecerem, inicie o processo de flambar.

8. Coloque o conhaque e deixe flambar até que o fogo apague, indicando que o álcool evaporou. Acrescente o licor de laranja e aguarde sua evaporação.

MONTAGEM

9. Coloque uma bola de sorvete de nata no centro de um prato e cubra com as frutas vermelhas flambadas.

SOBREMESAS

Maçã assada com calda de laranja

INGREDIENTES
(8 pessoas)

4 maçãs Fuji
700 ml de suco de laranja
2 colheres (sopa) de açúcar (pode substituir por adoçante culinário)
50 ml de licor de laranja
Canela em pó a gosto
4 bolas de sorvete de creme

1. Descasque as maçãs, corte-as ao meio e retire as sementes.

2. Corte a maçã em leque: faça fatias bem finas, mas deixando 1 cm sem cortar para que os pedaços não se soltem.

3. Em uma panela pequena e funda, caramelize o açúcar, junte o licor e mexa bem. Coloque o suco de laranja.

4. Quando começar a levantar fervura, acrescente as maçãs e deixe cozinhar por 6 minutos. Retire as maçãs e mantenha a calda no fogo por mais 10 minutos para engrossar.

5. Num prato raso, abra a maçã morna em forma de leque, coloque a bola de sorvete e cubra com a calda. Sirva com canela pulverizada.

DICA

A receita pode ser preparada um dia antes. Na hora de servir, basta aquecer as maçãs no micro-ondas por 20 segundos. Esquente a calda e sirva.

Combina muito bem com sorvete de creme ou nata que, em oposição ao quente da maçã, provoca uma saborosa mistura de sensações.

SOBREMESAS

Panna cotta de cupuaçu

INGREDIENTES
(4 pessoas)

PANNA COTTA
150 g do cupuaçu com caroço
100 g de açúcar peneirado
7 g de gelatina sem sabor
500 ml de creme de leite fresco
200 ml de leite
½ vagem de baunilha
15 ml de água

CALDA DE CUPUAÇU
Polpa de cupuaçu fresco
80 g de açúcar
200 ml de água

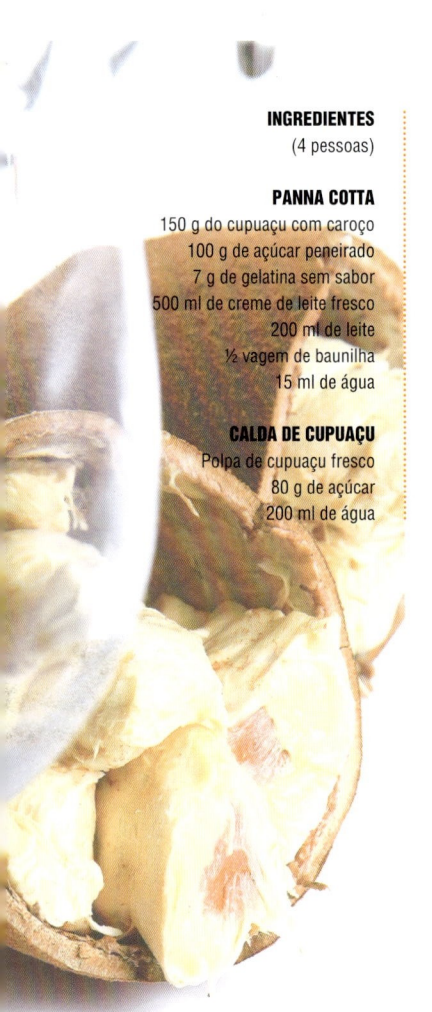

1. Como tirar a polpa do cupuaçu: abra a fruta ao meio e separe a polpa com caroço (150 g) para a receita. Com uma tesoura de ponta fina ou uma faca de legumes, corte a polpa em volta dos caroços, separando-os.

PANNA COTTA

2. No liquidificador, bata o leite com 1 colher (sobremesa) da polpa do cupuaçu e reserve.

3. Numa panela, em banho-maria, coloque o leite batido, o creme de leite e o açúcar. Leve ao fogo até que o açúcar se dissolva.

4. Enquanto o açúcar derrete, dissolva a gelatina em um pouco de água. Acrescente à receita assim que levantar fervura. Adicione a fava de baunilha.

5. Mexa sempre com um *fouet* até que reduza 1/3. Retire do fogo e faça um resfriamento em "banho-maria de gelo". Mexa de vez em quando até que fique bem fria. O creme adquire consistência pastosa e firme.

CALDA DE CUPUAÇU

6. Em uma frigideira antiaderente, derreta o açúcar até ficar homogêneo.

7. Acrescente a polpa de cupuaçu e a água, deixe apurar bem até que a polpa se dissolva por completo e a água evapore. Retire do fogo e espere esfriar.

MONTAGEM NA TAÇA

8. Coloque um pouco da calda de cupuaçu no fundo da taça, cubra com a *panna cotta* fria e, por cima, coloque mais calda.

9. Leve à geladeira por 2 horas antes de servir.

DICA

Quando for escolher o fruto, lembre-se de que ele deve estar pesado, caso contrário, o risco da polpa estar seca é maior.

Para o banho-maria de gelo, coloque o recipiente com a mistura quente sobre uma travessa com gelo para que ocorra um resfriamento rápido e uniforme.

SOBREMESAS 91

Pera *cozida no licor de menta*

INGREDIENTES
(4 pessoas)

4 peras Williams
3 galhos de hortelã
450 ml de licor de menta
300 ml de água
60 g de castanha-do-pará

CALDA DE CHOCOLATE
100 g de chocolate meio amargo
100 ml de creme de leite fresco
25 g de manteiga sem sal

1. Descasque as peras.

2. Em uma panela funda, coloque os galhos de hortelã, o licor de menta e a água.

3. Leve ao fogo e, assim que levantar fervura, coloque as peras. Deixe cozinhar por 15 minutos ou até que as frutas estejam cozidas.

4. Retire as peras e deixe a calda engrossar.

CALDA DE CHOCOLATE

5. Derreta o chocolate em banho-maria. Em seguida, acrescente o creme de leite e deixe engrossar.

6. Quando estiver no ponto, desligue o fogo e coloque a manteiga.

FAROFA DE CASTANHA

7. Triture a castanha-do-pará até que forme uma farofa.

MONTAGEM

8. Coloque a pera no centro de um prato fundo. Jogue a calda de chocolate quente em um dos lados e no outro derrame a calda de menta quente.

9. Decore com folhas de hortelã e farofa de castanha-do-pará.

DICA
A pera pode ser servida cortada ao meio, acompanhada de sorvete de baunilha.

SOBREMESAS

Trouxinha de *tamarindo*

INGREDIENTES
(4 pessoas)

Folhas de capim-santo

CREPE
250 ml de leite
150 g de farinha de trigo
20 g de manteiga sem sal
1 ovo
20 g de açúcar

CALDA DE TAMARINDO
300 g de tamarindo com a casca
80 g de açúcar
600 ml de água

GELEIA DE MORANGO COM PIMENTA
500 g de morango maduro
200 g de açúcar
1 colher (sopa) suco de limão-siciliano
10 g de pimenta-dedo-de-moça triturada

CREPE

1. Junte o leite, a manteiga, o ovo, o açúcar e bata no liquidificador até ficar uma mistura homogênea. Acrescente a farinha de trigo aos poucos com o liquidificador ainda ligado. Continue batendo por 1 minuto.

2. Aqueça a panquequeira (ou frigideira de antiaderente) em fogo baixo. A cada crepe, unte com manteiga para não grudar.

3. Coloque duas colheres (sopa) da massa na frigideira e espalhe bem. Deixe dourar um pouco, vire e retorne ao fogo. Tome cuidado para não queimar ou deixar grudar o crepe.

CALDA DE TAMARINDO

4. Descasque os tamarindos, leve-os ao fogo com a água e deixe ferver até que reduza à metade.

5. Retire do fogo e solte a polpa da semente. Reserve a água do cozimento.

6. Bata no liquidificador a polpa com a água do cozimento. Coe e leve ao fogo com o açúcar até atingir o ponto de calda.

GELEIA DE MORANGO

7. Leve uma panela ao fogo, coloque os morangos para esquentar até soltar líquido. Coloque o suco de limão, despeje o açúcar e deixe cozinhar até que o morango se desfaça.

8. Acrescente a pimenta (sem sementes e sem a parte branca) e deixe chegar ao ponto de geleia.

MONTAGEM

9. Como fazer a trouxinha: coloque a calda de tamarindo no centro do crepe e forme uma trouxinha puxando as bordas para cima. Amarre com um galho de capim-santo.

10. Coloque a geleia de morango em um prato de sobremesa e ponha a trouxinha por cima.

DICA
Ponto de amadurecimento da fruta: aperte a parte de cima da vagem de tamarindo; se estourar, significa que está maduro.

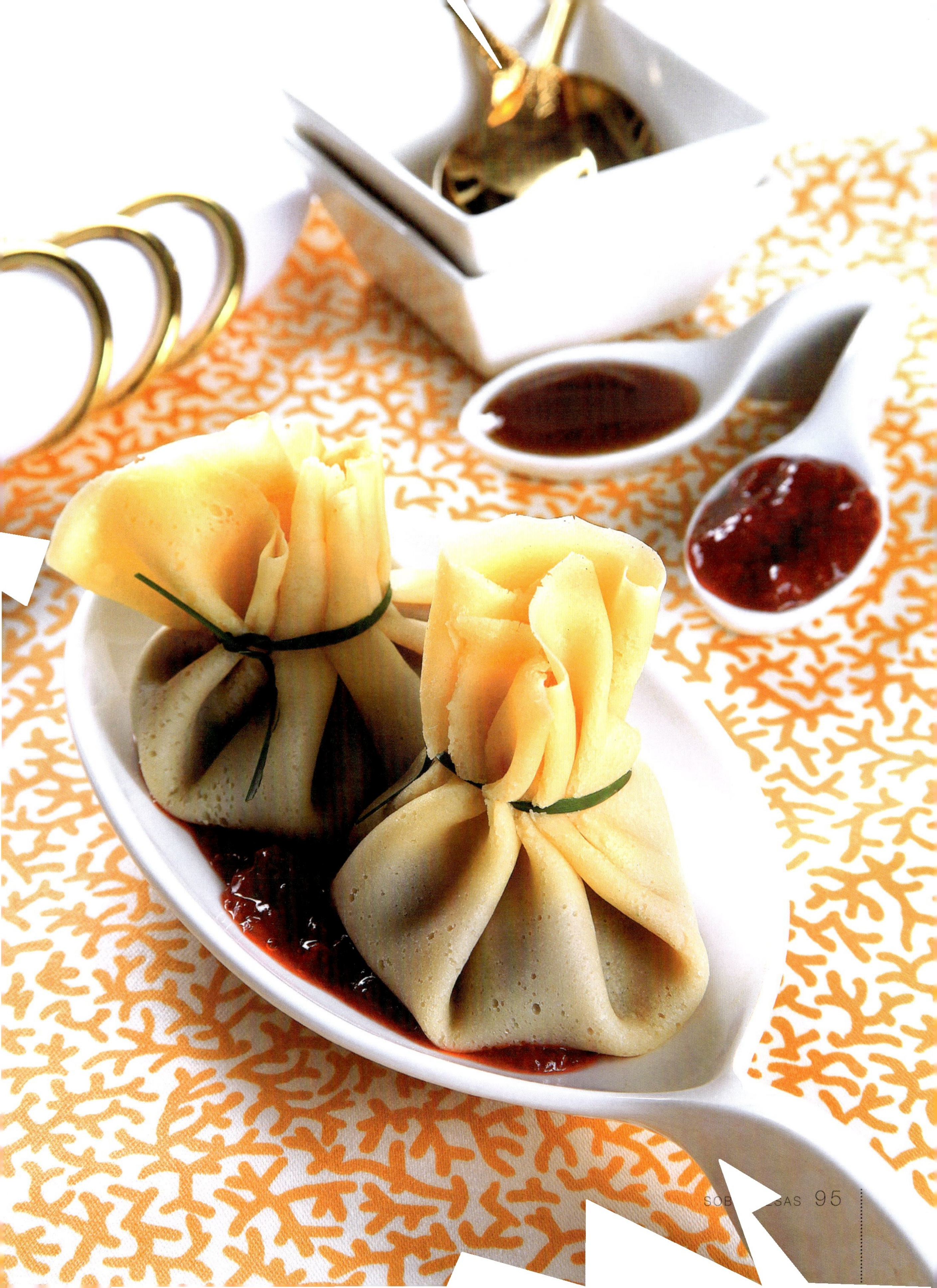

Caldos

Toda receita tem o ingrediente base no preparo. No caso dos pratos salgados, a base muitas vezes são os caldos. Eles agregam sabor e textura, exercendo uma função especial na composição do prato. Um caldo bem feito com paciência e dedicação é a chave de uma receita espetacular.

Bisque de camarão

INGREDIENTES

400 g de cascas e cabeças de camarões
2 ½ l de água
1 colher (sopa) de azeite
1 colher (sopa) de cebola triturada
1 colher (sopa) de salsão triturado
1 colher (sopa) de alho-poró triturado
2 colheres (sopa) de cenoura triturada
150 ml de vinho branco seco

1. Numa frigideira, aqueça o azeite e refogue os temperos.

2. Junte as cascas e as cabeças dos camarões e mexa bem até obter uma cor vermelha.

3. Junte o vinho branco, deixe evaporar o álcool e acrescente a água.

4. Cozinhe em fogo baixo por 1 hora. Em seguida, coe e reserve o líquido.

DURABILIDADE
Geladeira: 24 horas
Freezer: 10 dias

Caldo de frango (brodo)

INGREDIENTES

1 ½ kg de carcaças de frango
1 cebola média
1 cenoura
1 talo de salsão
1 galho de salsinha
1 galho de tomilho
6 grãos de pimenta-do-reino
4 l de água
20 ml de *shoyu*
2 folhas de louro
20 ml de molho inglês
2 ovos
Sal a gosto

1. Corte os legumes em pedaços de aproximadamente 4 cm.

2. Em uma panela grande, coloque todos os ingredientes e mexa bem. Aperte os ingredientes no fundo da panela.

3. Leve a panela ao fogo baixo e deixe até murchar. Coloque a água com cuidado para que os legumes não subam à superfície.

4. A partir deste momento, a mistura não deve ser mexida.

5. Mantenha a panela destampada e em fogo bem baixo por 2 horas.

6. Ainda quente, coe em um *chinois* (ou com um pano).

DURABILIDADE
Geladeira: 2 dias
Freezer: 30 dias

Caldo de legumes

INGREDIENTES

2 colheres (sopa) de azeite
½ cebola cortada ao meio
1 dente de alho amassado grosseiramente
2 tomates sem sementes
2 cenouras
1 alho-poró
2 galhos de salsinha
2 galhos de manjericão
2 talos de salsão
1 nabo
1 abobrinha
5 grãos de pimenta
1 galho de erva-doce
4 l de água

1. Corte os legumes em pedaços de aproximadamente 5 cm. Reserve.

2. Em uma panela, aqueça o azeite, coloque todos os ingredientes e deixe-os murchar. Junte a água (deve ser colocada em temperatura ambiente) e deixe levantar fervura.

3. Após levantar fervura, abaixe o fogo até o mínimo e cozinhe por 30 minutos.

4. Desligue o fogo, tampe a panela e deixe em infusão por mais 15 minutos. Passe em um *chinois* para coar (ou coe com ajuda de uma peneira coberta com um pano).

5. Dispense todos os vegetais, pois todo seu sabor, aroma e muito da coloração já estão no caldo.

DURABILIDADE
Geladeira: 2 dias

Caldo de peixe

INGREDIENTES

½ cebola picada
2 dentes de alho amassados grosseiramente
1 galho de salsão
1 ramo de alecrim
2 galhos de *dil*
5 grãos de pimenta-do-reino preta quebrados
1 cenoura picada
2 colheres (sopa) de azeite de oliva
3 kg de cabeça e espinha de peixe
1 copo de vinho branco seco
2 tomates cortados em quatro (sem sementes)
1 colher (sopa) de farinha de trigo
4 l de água

1. Use uma panela grande.

2. Frite todos os legumes no azeite, acrescente as cabeças e espinhas de peixe, mexa bem e coloque o vinho.

3. Assim que o vinho evaporar, junte a farinha e continue mexendo. Acrescente a água, abaixe o fogo e deixe ferver por 2 horas. Prove o sal.

4. Coe com um *chinois* (ou com a ajuda de um pano).

DURABILIDADE
Geladeira: 24 horas
Freezer: 10 dias

Roux

INGREDIENTES
100 g de manteiga
100 g de farinha de trigo

1. Leve uma panela ao fogo baixo e derreta a manteiga. Mantenha no fogo até que comece a dourar, sem ferver.

2. Com ajuda de um *fouet*, coloque a farinha de trigo lentamente e continue mexendo para não empelotar.

3. Cozinhe a farinha com a manteiga, mexendo sempre para que fique uma mistura esfarelada.

4. Deverá atingir a cor de um amarelo-dourado.

DURABILIDADE
Geladeira: 3 dias

Frutas

As frutas desempenham um papel importante no funcionamento do nosso organismo, sendo recomendado o consumo diário de duas a quatro porções pela Organização Mundial da Saúde. Seguindo essa recomendação, conseguimos nos prevenir de doenças cardiovasculares, garantimos o bom funcionamento do organismo, além de fortalecer o sistema imunológico.
São ótimas fontes de vitaminas, sais minerais e fibras de diferentes tipos. Cada variedade de fruta fornece um determinado nutriente. Por isso varie o tipo de fruta consumida durante o dia.
A introdução das frutas nos pratos salgados aumentará o consumo de fibras em sua alimentação, trazendo benefícios para sua saúde.
As frutas agregadas a pratos salgados oferecem um sabor indescritível, tornando-os muito mais saudáveis.

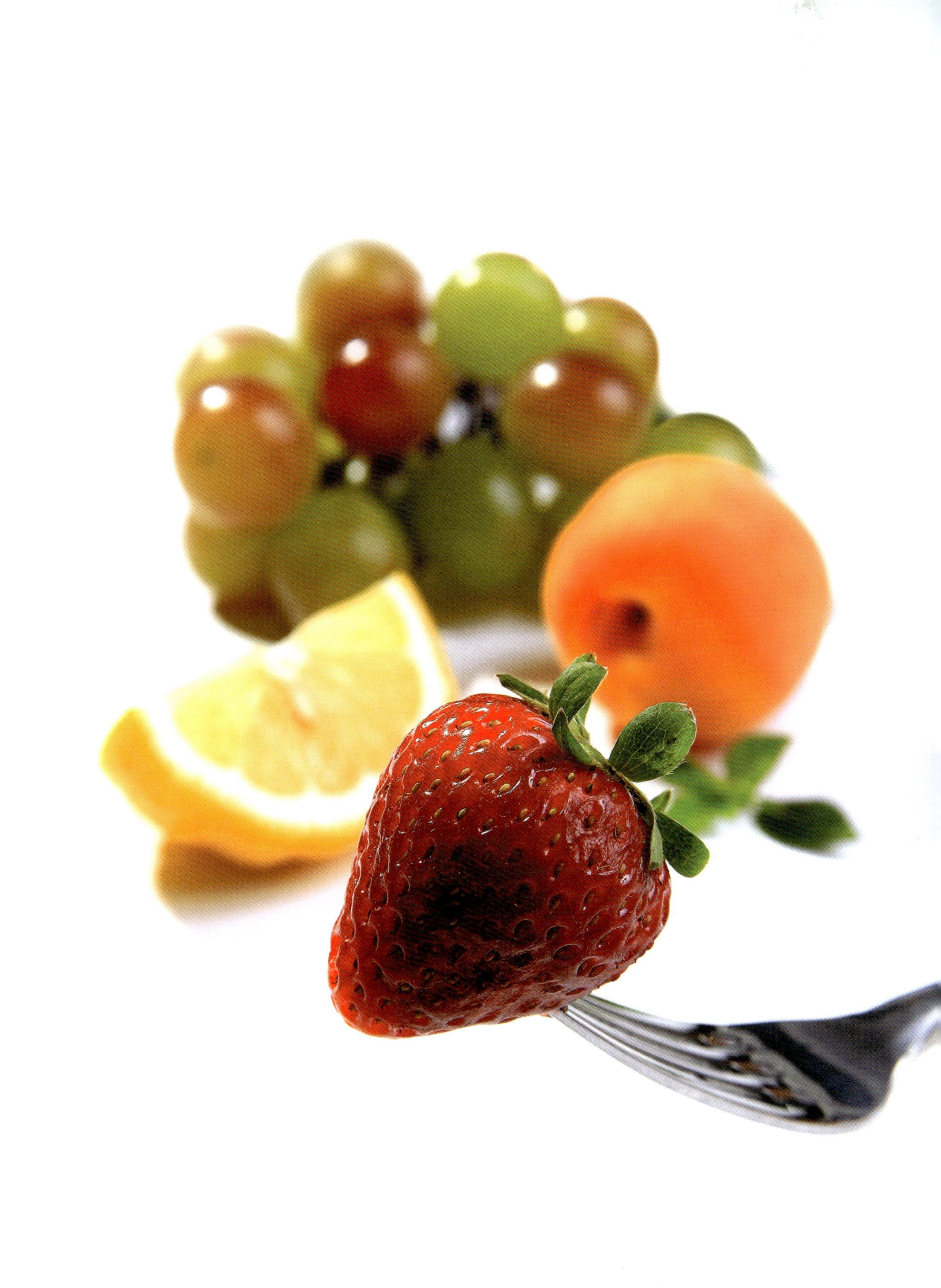

ABACATE *(PERSEA AMERICANA)*

Abacate

Originário do continente americano, o abacate é de clima tropical, adaptando-se melhor às regiões quentes. Pode ser encontrado na America Latina e em outras regiões subtropicais e tropicais do mundo, sendo o Brasil o quarto maior produtor. O primeiro é o México, seguido pelos Estados Unidos e Republica Dominicana. A safra do abacate vai de janeiro a dezembro, com ênfase em abril e maio. As mudas são plantadas de setembro a outubro e começam a produzir após um período de 3 a 4 anos. Se o plantio for feito com o caroço, o início da produção demora de 6 a 8 anos. A safra anual se deve às diferentes variações que são plantadas durante todo o ano.

Os abacates são colhidos ainda verdes, só então amadurecem. As frutas podem ficar por até seis meses no pé que não estragam.

Existem diversas variações de abacate, cada qual com sua origem. Dentre elas temos a guatemalteca, mexicana e antilhana (cultivada no Brasil). A parte comestível do abacate é a polpa verde-amarelada, que envolve a semente. As folhas são geralmente utilizadas para chá que, conforme acredita-se, é eficaz para tratamento de garganta e tosse, além de ser diurético.

CONHEÇA ALGUNS TIPOS DE ABACATE E SUAS CARACTERÍSTICAS

FUCK: baixo teor de gordura e bastante polpa. Safra de janeiro a março.

GEADA: muita polpa e baixo teor de óleo. Safra de novembro a abril.

MARGARIDA: teor médio de óleo, ideal para saladas. Safra de junho a dezembro.

OURO-VERDE: baixo a médio teor de óleo e muita polpa. Safra de junho a agosto.

HASS: alto teor de óleo com aproximadamente 30%. Excelente para receitas com guacamole. Safra de maio a setembro.

BREDA: médio teor de gordura. Safra de junho a dezembro.

FORTUNA: contém a polpa adocicada e médio teor de gordura. Ótimo para sobremesas. Safra de fevereiro a junho.

QUINTAL: sua polpa tem mais água e pouco teor de gordura. Safra de fevereiro a junho

É um fruto rico em gordura, sendo fonte de óleos e calorias. Recentes estudos afirmam que o consumo do abacate exerce um papel na prevenção e tratamento de cardiopatas, além da redução das taxas de colesterol total, LDL (considerado o mau colesterol, aquele que entope as veias) e triglicérides; favorece o aumento desejável nos níveis de colesterol de alta densidade HDL (bom colesterol, pois protege as artérias) e dilata as veias para que o sangue flua com mais facilidade.

Considerado uma fonte rica em folato, vitamina A e potássio, o abacate é o fruto que mais tem proteína - oferece cerca de 1,5 g de proteína a cada 110 g. Possui ainda quantidades significativas de ferro, magnésio e vitaminas C, E e B6. Seu único inconveniente é o alto valor calórico - 110 g têm em média 106 calorias. Para o consumo, é indicado obter orientação de um profissional da saúde, já que o abuso pode provocar excesso de peso.

O abacate pode ser ingerido como sobremesa com suco de limão, ou adicionado a pratos salgados; sempre cru, pois o cozimento o torna amargo. No Brasil, costuma-se consumi-lo cru, com limão, ou em forma de vitaminas, batido com leite. Em outros lugares do mundo, como no México, o fruto é consumido em forma de salada, temperado com pimenta, azeite, ervas, entre outros condimentos.

Para ser utilizado na receita de tartar de salmão com abacate, o fruto deve ser maduro, porém, não pode estar passado - deve estar firme e doce. É importante provar o sabor e consistência da fruta antes de colocá-la na receita.

NUTRIENTE	QUANT.
Abacate	100 g
Calorias (kcal)	96
Carboidratos (g)	6
Proteínas (g)	1,2
Gorduras totais (g)	8,4
Gordura monoinsaturada (g)	4,3
Gordura saturada (g)	2,3
Cálcio (mg)	8
Fósforo (mg)	22
Ferro (mg)	0,2
Potássio (mg)	485
Fibras (g)	6,3

AMEIXA *(PLUNUS SALICINA)*

Ameixa

A ameixa é fruto da ameixeira, pertencente à família das rosáceas e é uma das frutas que apresentam maior variedade - japonesa, americana, ornamental, damson, europeia e selvagem. A mais cultivada no Brasil é a japonesa, por se adaptar melhor ao clima e ao solo. Esse tipo apresenta cor roxo-escura, violácea, vermelha ou amarela. São frutas carnudas e suculentas. O caroço está presente no centro e pode ser solto ou envolto; tem aspecto liso. Geralmente são frutas redondas, porém ocorrem em formato de coração e oval.

No Brasil, os maiores produtores de ameixa são os estados do Rio Grande do Sul, Santa Catarina, Paraná, São Paulo, Minas Gerais e Rio de Janeiro; produzem em média de 15 a 45 toneladas de frutas por hectare. EUA, especificamente o estado da Califórnia, é o maior produtor do mundo, seguido da Argentina e Chile, na America do Sul.

As variedades da fruta são devidas à origem (a ameixa japonesa tem origem na China e no Japão). Já as europeias foram descobertas no Mar Cáspio há cerca de dois mil anos e foram trazidas para a América pelos peregrinos.

Em geral, as ameixas são de origem japonesa ou europeia. Veja as diferenças entre elas:

EUROPEIA: frutos de cor verde-clara ou arroxeada. Pertencem a esse tipo as ameixas para secar, que têm a polpa mais carnuda e pouca água.

JAPONESA: tem época de maturação mais prematura e em geral coloração do avermelhado ao negro. Apresenta alto teor de água, sendo mais suculenta para consumo *in natura*.

ALGUNS TIPOS DE AMEIXA

SUNGOLD: é uma variedade japonesa, cujo fruto é grande e aromático, a coloração da casca é vermelha quando amadurece. A polpa é de cor amarelo-alaranjada e é muito suculenta. Variedade sul-africana que costuma ser comercializada entre fevereiro e abril.

RED BEAUTY: é uma variedade de ameixeira japonesa, com frutos de forma arredondada e de calibre médio a grande. A cor da casca varia do vermelho ao vermelho-escuro, dependendo do estado de maturação. A polpa é amarela, de textura dura e bom sabor. Aguenta a manipulação e o transporte.

GOLDEN JAPAN: fruto grande, amarelo-claro, epiderme brilhante, grossa e resistente; polpa muito suculenta e agradável. Pertence ao grupo da ameixeira japonesa. Fruto resistente ao transporte.

SANTA ROSA: ameixeira japonesa cujo fruto é de tamanho grande, arredondado e em forma de coração. Epiderme de cor vermelha intensa. Polpa amarelo-âmbar e carmim-claro, mole, muito sumarenta, doce e perfumada; com sabor que lembra o do morango.

RAINHA-CLÁUDIA VERDE: ameixeira europeia, com frutos de tamanho médio, arredondados, de cor verde, polpa fina e sumarenta, com aroma e sabor característicos. O caroço desprende-se facilmente da polpa. É parcialmente autofértil. Excelente para consumo fresco, em compotas, conservas e marmeladas.

ANGELINO: é uma variedade japonesa com frutos de tamanho grande e vermelho-escuros, sobretudo quando amadurecem. O seu sabor é doce e a polpa é amarela. Pouco produtiva, mas com fruto de muito boa conservação. Maturação de meados ao final de setembro.

As ameixas são consumidas de diversas formas, dentre elas *in natura*, seca, em licores, compotas, geleias e em doces.

Para fazer as ameixas secas, as frutas são deixadas no pé para ficarem bem maduras. São colhidas e colocadas para secar de 15 a 24 horas com rígidos controles. Desse modo, elas perdem o líquido. Na última etapa, são banhadas em água quente para aumentar o grau de umidade e só então são embaladas para o consumo. Esse processo de secagem aumenta o conteúdo de açúcar, realçando o sabor e elevando o valor calórico.

As ameixas frescas são ótimas fontes de vitaminas e minerais e têm altas concentrações de antioxidantes. Estão presentes as vitaminas A, B, C e os minerais magnésio, ferro, sódio e potássio; as frutas contêm quantidades significativas de fibras e carboidratos. Já as ameixas secas oferecem vitaminas do complexo B, vitamina C, potássio e ferro.

Na receita, utilizamos a ameixa seca para realçar o sabor do recheio junto com o damasco no lombo.

NUTRIENTE	QUANT.
Ameixa Fresca	**100 g**
Calorias (kcal)	55
Carboidratos (g)	13
Proteínas (g)	0,79
Gorduras totais (g)	0,62
Gordura monoinsaturada (g)	0,05
Gordura saturada (g)	0,41
Cálcio (mg)	4
Fósforo (mg)	10
Ferro (mg)	0,10
Potássio (mg)	172
Fibras (g)	1,95
Ameixa Seca	**100 g**
Calorias (kcal)	113
Carboidratos (g)	29,7
Proteínas (g)	1,23
Gorduras totais (g)	0,24
Gordura monoinsaturada (g)	0,16
Gordura saturada (g)	0,05
Cálcio (mg)	24
Fósforo (mg)	37
Ferro (mg)	1,17
Potássio (mg)	353
Fibras (g)	-

AMORA *(MORIS NIGRA L.)*

Amora

Fruta consumida da espécie negra ou vermelha, de sabor levemente ácido e bem doce. É um fruto de aproximadamente 3 cm, formado por vários frutinhos que são agregados entre si, formando um interior oco e de mesmo sabor e coloração. Nasce da amoreira, árvore que pode chegar a dois metros de altura - o que não é interessante, pois dificulta a colheita. Suas flores são rosa e delas nascem o fruto. É tradicionalmente plantada no quintal de casas por ter bastante folhagem e oferecer uma sombra deliciosa, além de que, quando chega à fase de maturação, as pessoas realizam a colheita e comem as frutas ao natural. A amora nasce na coloração verde, passa para o vermelho e então fica negra – ou seja, a coloração se altera conforme sua maturação.

De origem asiática, foi levada à Europa no século XII. Ao Brasil, chegou pelos colonizadores europeus. Por volta dos anos 70, iniciaram-se estudos sobre as diversas espécies de amora para descobrir qual melhor se adaptaria ao solo brasileiro. Ficou constatado que a amoreira gosta de solo úmido e profundo, mas se adapta a qualquer solo, inclusive de várias regiões do Brasil como Rio Grande do Sul, Santa Catarina, Paraná, São Paulo e Minas Gerais.

Há uma variedade de amoreira chamada de branca, porém não é muito utilizada como alimento humano, mas sim consumida pelos pássaros e bichos-da-seda, entre outros animais.

Boa fonte de ferro, vitamina C e fibras, a amora oferece ainda vitamina A e B, além dos minerais cálcio, fósforo e potássio.

Bastante utilizada na confeitaria para fazer geleias, doces e recheios, é utilizada também na indústria como corante artificial. Por ser uma fruta extremamente sensível e não suportar o armazenamento, é pouco vista nas gôndolas dos mercados, nos quais costuma ser comercializada congelada.

NUTRIENTE	QUANT.
Amora	100 g
Calorias (kcal)	43
Carboidratos (g)	9,8
Proteínas (g)	1,44
Gorduras totais (g)	0,39
Gordura monoinsaturada (g)	0,04
Gordura saturada (g)	0,02
Cálcio (mg)	39
Fósforo (mg)	38
Ferro (mg)	1,85
Potássio (mg)	194
Fibras (g)	1,7

BANANA *(MUSA X PARADISIACA)*

Banana-da-terra

A bananeira originou-se na Ásia e Indonésia. Gosta de clima úmido e sombra, seu plantio é feito por mudas e sua colheita acontece do 10° ao 18° mês, dependendo do clima, variedade, fertilidade do solo, estado de sanidade da planta e tratos culturais.

O fruto da bananeira é de caule subterrâneo que se desenvolve em sentido horizontal, onde surgem folhas que crescem para fora da terra formando o falso tronco. Apenas uma vez na vida cada caule brota um ramo de flores que aos poucos vai se transformando num cacho de bananas.

A bananeira se adaptou muito bem ao solo brasileiro. Não se sabe ao certo há quanto tempo existe no Brasil, mas histórias dizem que Cabral, quando chegou, viu índios consumindo a fruta. Hoje a banana é um dos principais produtos de exportação do Brasil que tem na cidade de Santos (SP) seu maior produtor, além de ser a fruta mais popular do país. Existem mais de 20 variações de bananas que são consumidas o ano todo pela população. No interior brasileiro, a mais comum é a banana-da-terra, que chega a dar 200 frutas por cacho. A fruta pode ser consumida assada, substituindo o pão na alimentação. No resto do país, os tipos de banana mais populares são a prata e a maçã.

VARIAÇÕES DE BANANAS E SUAS CARACTERÍSTICAS

BANANA-DA-TERRA: a maior banana conhecida, pode chegar a pesar cerca de 500 g por fruta e medir 30 cm de comprimento. É achatada num dos lados, com casca amarelo-escura, possui grandes manchas pretas quando madura, tem polpa bem consistente, cor rosada e textura macia e compacta. É mais rica em amido do que em açúcar, ideal para assar e cozinhar.

BANANA-NANICA: casca fina e amarelo-esverdeada, polpa doce e macia com aroma agradável. Cada cacho tem por volta de 200 bananas.

BANANA-OURO: a menor de todas as bananas. Casca fina de cor amarelo-ouro, polpa doce, sabor e aroma agradáveis.

BANANA-MAÇÃ: ligeiramente curva, com casca fina amarelo-clara e polpa branca. Bem aromática de sabor muito apreciado. Recomendada para bebês, servida amassada com aveia e farinhas enriquecidas.

BANANA-PRATA: casca amarelo-esverdeada de cinco facetas, polpa menos doce e mais consistente; indicada para fritura.

A banana é um alimento de alto valor nutricional, considerando a fruta inteira, até mesmo a casca madura ou verde. Rica em açúcar e sais minerais como potássio, cálcio, fósforo e ferro. Nela também se encontram as seguintes vitaminas: B1 e B2, C e A. A banana é indicada para auxiliar no tratamento da pressão arterial e controle da diarreia. Também auxilia no sono e melhora o humor. É oferecida a crianças a partir do 6° mês de vida por ser fácil de digerir e apresentar sabor adocicado. É altamente energética com aproximadamente 22% de hidratos de carbono de fácil absorção pelo organismo.

A banana-da-terra, variedade utilizada nas receitas deste livro, deve estar madura, firme e não apresentar manchas na casca, que indicam o grau de maturação. Se estiver muito madura ou passada, a receita ficará menos agradável e longe do ponto ideal.

NUTRIENTE	QUANT.
Banana	100 g
Calorias (kcal)	122
Carboidratos (g)	31,8
Proteínas (g)	1,3
Gorduras totais (g)	0,37
Gordura monoinsaturada (g)	0,03
Gordura saturada (g)	0,14
Cálcio (mg)	3
Fósforo (mg)	34
Ferro (mg)	0,6
Potássio (mg)	499
Fibras (g)	2,3

CAJU *(ANACARDIUM OCCIDENTALE)*

Caju

O caju originou-se no litoral nordestino brasileiro e sua produção vai do Ceará à Amazônia. A história conta que os exploradores, quando chegaram ao Brasil, encontraram inúmeras árvores robustas de um fruto sensual e exótico. A partir dessa época, o cajueiro iniciou sua viagem ao mundo através das embarcações portuguesas que levaram a fruta para Moçambique, Angola, Quênia e Madagascar, na África, e Goa, na Índia. Nesses países, os cajueiros começaram a crescer e a fazer parte da vida e economia, ao ponto da Índia ter se tornado o principal produtor e exportador mundial de caju e do óleo da castanha.

No Brasil, a produção de castanhas se situa nos estados do Piauí, Ceará e Rio Grande do Norte - 90% da produção de castanha de caju é exportada para os Estados Unidos, Canadá e Europa.

Do cajueiro brota um interessante fruto. O que todos acham que é o fruto na verdade é um pseudofruto - a haste do fruto, que se apresenta bem desenvolvida, carnosa e suculenta, de coloração amarela, vermelha ou alaranjada. O fruto do caju é a castanha, que tem casca dura, cheio de óleo viscoso, cáustico e inflamável, entretanto a amêndoa é comestível.

O caju produzido no cerrado nordestino é conhecido como cajuí, caju-do-campo, cajuzinho-do-campo, caju-do-cerrado ou caju-rasteiro; tem sabor agradável e tamanho menor. Há vinte variedades de caju, cada uma com suas características e peculiaridades. Distinguem-se nas seguintes formas: caju grande, médio, pequeno, alongado, redondo, oval, vermelho, róseo e amarelo. Quanto ao sabor, há os ácidos, doces e insípidos e, quanto à consistência, há os cajus fibrosos e os tenros – como os produzidos na Serra da Meruoca, Ceará, que praticamente não têm fibras.

O cajueiro precoce é conhecido também como cajueiro-anão e cajueiro-do-ceará. Sua produção ocorre no estado do Ceará e teve início em 1965, em um campo experimental.

O pedúnculo floral ou pseudofruto do cajueiro é considerado uma das melhores fontes em vitamina C, é também antioxidante, rico em cálcio, ferro e fósforo. O caju é importante na formação do colágeno, que fornece sustentação aos ossos, dentes e pele, além de auxiliar na absorção do ferro.

A castanha, o fruto do cajueiro, tem alto valor nutritivo, podendo ser considerada fonte de proteína de alta qualidade, rica em ácidos graxos poliinsaturados. É altamente energética, rica em gorduras e carboidratos, apresenta elevados teores de cálcio, ferro e fósforo.

Sua castanha passa por um processo de cozimento para remoção da casca, extração do óleo e então da amêndoa que fica em seu interior. Esse óleo é utilizado em indústrias para a fabricação de tintas, vernizes, dentre outros produtos. Já a amêndoa, a parte comestível do fruto, pode ser consumida assada, temperada ou em forma de farinha na confeitaria francesa. Se colhida verde, seu consumo pode ser em pratos salgados e quentes.

Já o pseudofruto do caju pode ser utilizado em forma de suco, sorvetes, doces e compotas, licores, mel, geleia, cajuína, refrigerantes gaseificados e pode ser destilado para a fabricação de aguardentes. Suas fibras quando temperadas são muito utilizadas e chamadas de carne de caju. Há relatos de alguns desses produtos serem consumidos desde o século XVII.

CURIOSIDADES

- Um cajueiro adulto pode produzir de 1.500 a 2.000 frutos por pé, em média. A conservação da parte comestível exige uma colheita cuidadosa e tem durabilidade de três a quatro dias após a retirada do pé, dependendo da temperatura a que fica exposta.

- Em Pirangui, no Rio Grande do Norte, se encontra o maior cajueiro do mundo, ele ocupa uma área de 7.500 m² com um perímetro de aproximadamente 500 m. Foi plantado em 1888 por um pescador.

- Você sabia que a sensação de travo existente em algumas variedades de caju é causada por uma propriedade adstringente, consequência de substâncias chamadas taninos. Essa trava não é notada quando o pseudofruto amadurece, pode também ser ocultada por reações químicas nos taninos que causam aumento de açúcar, que mascara essa sensação.

NUTRIENTE	QUANT.
Caju (pseudofruto)	100 g
Calorias (kcal)	46
Carboidratos (g)	11,6
Proteínas (g)	0,8
Gorduras totais (g)	0,2
Gordura monoinsaturada (g)	-
Gordura saturada (g)	-
Cálcio (mg)	1
Fósforo (mg)	18
Ferro (mg)	1
Potássio (mg)	124
Fibras (g)	1,5
Castanha de caju	100 g
Calorias (kcal)	568
Carboidratos (g)	28,7
Proteínas (g)	18,4
Gorduras totais (g)	46,3
Gordura monoinsaturada (g)	-
Gordura saturada (g)	-
Cálcio (mg)	28
Fósforo (mg)	462
Ferro (mg)	3,6
Potássio (mg)	-
Fibras (g)	0,6

CUPUAÇU *(THEOBROMA GRANDIFLORUM)*

Cupuaçu

Fruta nativa do Brasil, mais precisamente da parte oriental da Amazônia, em particular da região nordeste do Maranhão – atualmente é muito popular no Pará. Em todas as regiões onde se cultiva o cupuaçu, é muito comum encontrá-lo em inúmeras residências, nos pomares.

Fruto de fácil adaptação ao solo, o cupuaçu se desenvolve melhor em climas quentes e úmidos. Em climas diferentes do ideal, a árvore, que geralmente atinge 15 metros de altura, chega no máximo a 10 metros.

Pertence ao mesmo grupo de espécies que o cacau, por isso a semelhança entre eles: os dois têm o fruto alongado, grande, pesado, de casca dura, contendo uma polpa branca e carnuda envolvendo suas sementes de tamanho grande.

Por sua semelhança com o cacau, atualmente a indústria alimentícia utiliza suas sementes secas com alto valor protéico para fabricação de chocolates de cupuaçu, conhecido na região do Amazonas como *cupulate*. A indústria de cosméticos também utiliza a semente e a polpa para produção de manteiga de cupuaçu, dentre outros produtos.

Sua polpa de sabor forte e marcante é bastante utilizada na culinária brasileira em bombons, mousses, tortas, sucos e até mesmo em pratos salgados. Contém cálcio, fósforo, ferro, vitaminas A, B1, B2 e C, além dos sais minerais. A polpa é rica em pectina, uma fibra solúvel que ajuda a manter os níveis de colesterol sanguíneo.

As variedades são caracterizadas pelo tipo de fruto. São três os mais conhecidos:

CUPUAÇU-REDONDO: apresenta os frutos menores, extremidade arredondada e pesa em média 2,5 kg – tipo mais comum.

CUPUAÇU-MAMORANA: de frutos compridos com casca grossa e ligeiras quinas, tem extremidade alongada e pesa em media 2,5 kg.

CUPUAÇU-MAMAU: não apresenta sementes, possui formato redondo e peso médio de 2,5 kg, podendo chegar a 4,0 kg.

CURIOSIDADES

Quando for comprar um cupuaçu, ele deve ser pesado. Se estiver leve é porque a polpa está seca.

O cupuaçu deve ser aberto como se abre um coco. Apoie bem a fruta e bata bem no meio para abrir. Coloque a fruta sobre uma superfície macia para dar mais apoio.

O cupuaçu quando está maduro libera um aroma forte e marcante, não deixando dúvida quanto a seu ponto de maturação e consumo.

NUTRIENTE	QUANT.
Ameixa Fresca	100 g
Calorias (kcal)	49
Carboidratos (g)	10
Proteínas (g)	1
Gorduras totais (g)	1
Gordura monoinsaturada (g)	0,2
Gordura saturada (g)	0,4
Cálcio (mg)	13
Fósforo (mg)	21
Ferro (mg)	0,5
Potássio (mg)	331
Fibras (g)	3,1

DAMASCO *(PRUMUS ARMENIACA)*

Damasco

Originário da China, o damasco é produzido em toda a região central e sudeste da Ásia, em algumas partes do sul da Europa e no norte da África. Hoje também é produzido na Espanha, Irã, Síria, Estados Unidos, França e Itália. Não é muito comum no Brasil por não se adaptar fácil a solos quentes e úmidos – prefere locais de clima frio, podendo ser produzido no sudeste brasileiro.

Os maiores produtores de damascos frescos são Estados Unidos (na região da Califórnia), Síria, Austrália, Irã, África do Sul, França, Itália, Espanha, Hungria e Iugoslávia. França e Itália são os que produzem damascos de melhor qualidade, porém sua produção se destina para as frutas secas.

Pertence à mesma família da ameixa, cereja e amêndoa. Como pêssegos e ameixas, os damascos são frutos que se desenvolvem a partir da autopolinização. São frutos arredondados, amarelo-alaranjado, de comprimento pouco achatado e com uma "linha" que quase divide a fruta ao meio. Sua pele é difusa e aveludada, de cor rosada. A polpa é de carne firme, doce e perfumada, porém contém pouco suco.

Há uma extensa diversidade dessa fruta em particular na Turquia. Suas cores podem variar de acordo com o país onde são produzidas. Variam de branco, preto, cinza e rosa. Seu tamanho vai do tamanho do caroço de uma ervilha ao tamanho de um pêssego. No Oriente é comum os damascos serem de cor pálida, rubor rosado e carne translúcida. A variedade de cor não altera o seu inigualável sabor.

O seu caroço é chamado de amêndoa, que pode ser consumida depois de torrado. Essa amêndoa é bastante utilizada no Oriente Médio em pratos doces e salgados. A amêndoa do damasco geralmente é consumida junto com amêndoas comuns (ou em seu lugar), pois, segundo dizem, seus sabores se completam.

Os damascos podem ser consumidos secos, frescos, cozidos em pratos doces e salgados; combinam perfeitamente com queijo e frios, e saladas com ameixa. Utilizados na indústria para geleias, caldas e compotas.

O damasco fresco possui uma série de vitaminas e sais minerais como carotenos, vitaminas B1, B2, B3, B5 e C, potássio, sódio, magnésio, fibras, vitamina A e ferro. O valor nutritivo do damasco seco se multiplica, podendo ser consumido por todas as pessoas.

VARIEDADES DE DAMASCOS

TILTON (origem: Califórnia, EUA): tipo muito utilizado na indústria alimentícia para conservas, geleias e secos. Tem o tamanho pequeno, não ultrapassando os 4 cm de diâmetro.

CASTELBRITE (origem: USDA – Fresno, Califórnia, EUA): fruto médio de 4,5 cm de diâmetro, de cor alaranjada com leves tons de vermelho, formato arredondado e polpa alaranjada, firme e ácida. Pode ser consumido fresco e é bastante utilizado para exportação.

KATY (origem: Califórnia, EUA): cor alaranjada, formato oval e entre 4,5 a 5 cm de diâmetro. Variedade bastante utilizada para exportação por sua boa vida após a colheita. Pode ser consumida fresca.

PATTERSON: possui forma arredondada, tamanho de médio a grande, cor alaranjada, polpa firme e sabor adocicado. Fruta consumida fresca.

NUTRIENTE	QUANT.
Damasco Fresco	**100 g**
Calorias (kcal)	57
Carboidratos (g)	13,8
Proteínas (g)	0,8
Gorduras totais (g)	0,6
Gordura monoinsaturada (g)	0,17
Gordura saturada (g)	0,03
Cálcio (mg)	14
Fósforo (mg)	32
Ferro (mg)	1,1
Potássio (mg)	296
Fibras (g)	1,1
Damasco Seco	**100 g**
Calorias (kcal)	238
Carboidratos (g)	61,8
Proteínas (g)	36,6
Gorduras totais (g)	0,47
Gordura monoinsaturada (g)	0,2
Gordura saturada (g)	0,03
Cálcio (mg)	45
Fósforo (mg)	117
Ferro (mg)	4,71
Potássio (mg)	1378
Fibras (g)	7,8

FIGO *(FICUS CARICA L.)*

Figo

Fruta carnuda e suculenta chegou ao Brasil por volta do século XVI, espalhando-se por suas terras, porém muitas delas não eram comestíveis. Por volta de 1920, expandiu-se no estado de Minas Gerais a produção de figos comestíveis, que dez anos mais tarde chegou às terras do estado de São Paulo, nas cidades de Campinas e Valinhos, grandes produtoras até hoje.

De cor exótica e formato uniforme, tem fácil adaptação climática. As mudanças de clima e solo alteram a cor e o sabor da fruta. Sua linda coloração vai do amarelo-esbranquiçado ao roxo.

O figo é um receptáculo carnoso, de casca fina e macia. Em seu interior encontram-se os frutos, mais conhecidos como sementes. O seu conjunto é comestível e o sabor vai do ácido ao doce.

É uma fruta de alto valor nutritivo e energético por conter grande quantidade de açúcar e sais minerais. Contém: cálcio, fósforo, potássio, vitamina C e fibras solúveis.

Pode ser consumido de diversas formas, em compotas, geleias, secos, desidratados, cozidos, em pratos doces e salgados, recheios e saladas. Por ser delicado e estragar facilmente, o figo precisa de muito cuidado após a colheita.

As variedades da fruta, definidas pela cor, são: brancas e coradas ou negras.

BRANCAS: apresentam maturação de cor branco-amarelada até verde. Os mais saborosos são os amarelo-dourados ou esverdeados. Dentre este grupo há um figo chamado de *Kadota*, proveniente da Itália, que tem a pele amarelo-esverdeada com polpa púrpura. São doces e possuem tamanho médio.

CORADAS: figos de cor azulada. *Brown Turkey* é uma variedade dessa classificação, cultivada em Israel, Itália e Califórnia. Têm forma de pera e medem de 4 a 6 cm, sua pele é de coloração vermelho-escura, de sabor doce e com sumo.

Há também as variações de acordo com as características de suas flores e formas de frutificação. Os nomes dados a essas variações são: caprifigo, *smyrna*, comum e São Pedro. Os tipos *smyrna* são mais doces, firmes e duráveis após a colheita que os tipos comuns. As variedades mais cultivadas no mundo pertencem ao tipo comum. No Brasil, embora existam cerca de 25 cultivares de figueira, a variedade roxo-de-valinhos, pertencente ao tipo comum, é a mais cultivada comercialmente.

Para o preparo de receitas, é necessário que o figo esteja firme e maduro. O fruto deve apresentar polpa amarelada – o roxo aparece na parte em que ficam as sementes. Quando o figo começa a passar do ponto, a polpa carnuda e amarelada fica com uma coloração rosa, o que indica que seu grau de maturação está muito elevado, tornando-o impróprio para as receitas deste livro. Utilize figos com sabor agradável, experimentando-os antes de utilizá-los.

NUTRIENTE	QUANT.
Figo	100 g
Calorias (kcal)	41
Carboidratos (g)	10,2
Proteínas (g)	1
Gorduras totais (g)	0,2
Gordura monoinsaturada (g)	-
Gordura saturada (g)	-
Cálcio (mg)	27
Fósforo (mg)	15
Ferro (mg)	1,2
Potássio (mg)	174
Fibras (g)	1,8

FRAMBOESA *(RUBUS IDAEUS)*

Framboesa

Fruta extremamente delicada e sensível, de sabor adocicado, suculenta e saborosa. Originária dos campos do centro e norte da Europa e parte da Ásia, a framboesa se adapta melhor a regiões de clima frio. É cultivada no Brasil nas regiões da alta Mantiqueira, em cidades como Gonçalves (Minas Gerais), Campos do Jordão (São Paulo), Caxias do Sul e Vacaria (ambas no Rio Grande do Sul).

É composta por pequenos gomos que formam a fruta deixando o seu interior oco. Cada fruta é composta por 70 a 80 gomos. Apresenta superfície exterior redonda. A coloração varia de amarelo ao vermelho e negro, medindo 20 milímetros. Geralmente é colhida já madura, o que dificulta o transporte e armazenamento.

A produção mundial de framboesas é de aproximadamente 415 mil toneladas por ano, sendo a Rússia o maior produtor. Na America Latina, quem se destaca é o Chile que produz aproximadamente 30 mil toneladas anualmente. No Brasil, sua produção inicial foi influenciada pelos imigrantes alemães. Começou a ser comercializada na cidade de Campos do Jordão, em São Paulo, para abastecer pequenas agroindústrias. Boa parte da produção é destinada à indústria, que oferece a fruta congelada ao comércio. Uma pequena quantidade é destinada ao consumo *in natura* e o restante para produção de iogurtes, sucos e geleias. A framboesa é bastante utilizada na gastronomia em tortas, bolos, recheios e sorvetes.

É rica em sais minerais como ferro, fósforo e cálcio e nas vitaminas A, C, B1 e B5. Além de conter quantidades significativas de fibras.

As principais variedades produzidas no Brasil são: Heritage e Autumn Bliss, ambas originárias dos Estados Unidos. No sul do Brasil é possível encontrar a variedade do tipo Batum.

HERITAGE: frutos atrativos de formato ligeiramente cônico, tamanho médio a pequeno, cor vermelho-brilhante e com polpa firme. Fruta de excelente qualidade, apropriada tanto para o mercado *in natura* quanto para o processamento industrial.

AUTUMN BLISS: frutos grandes de formato oval, sua coloração tende ao vermelho-escuro, de sabor agradável e acentuado.

BATUM: frutos de formato oval, coloração vermelha. Muito semelhante à variação Autumn Bliss.

NUTRIENTE	QUANT.
Framboesa – *in natura*	100 g
Calorias (kcal)	49
Carboidratos (g)	11,6
Proteínas (g)	0,91
Gorduras totais (g)	0,55
Gordura monoinsaturada (g)	0,05
Gordura saturada (g)	0,02
Cálcio (mg)	22
Fósforo (mg)	12
Ferro (mg)	0,57
Potássio (mg)	152
Fibras (g)	3,97

GOIABA *(PSIDIUM GUAJAVA)*

Goiaba

Originária da América, principalmente no Brasil e nas Antilhas, a goiaba é atualmente cultivada em todas as regiões tropicais e subtropicais do mundo. Começou a ser explorada na região nordeste do Brasil a partir de 1986, incentivada pelas indústrias da região. O Brasil está entre os maiores produtores mundiais da fruta – os estados de São Paulo, Minas Gerais e Pernambuco juntos representam 74% da produção nacional.

A goiaba faz parte da cultura do brasileiro, está em toda casa, quintal, sítio, ou no meio do mato, que mesmo sem cuidados produz abundantes frutos cheirosos que atraem os pássaros e outros pequenos animais – que se encarregam de espalhar as sementes que darão origem a outras goiabeiras.

Apesar de o Brasil produzir goiabas em números significativos, a maior parte da produção de goiabas vermelhas é principalmente para a indústria, pouco é consumido *in natura*. Na indústria, é utilizada para fazer a goiabada, doce que pode ser para corte ou para comer de colher, muito apreciado pelos brasileiros.

Fruta de sabor e aroma inigualável, que pode ser sentido a longas distâncias em mercados, feiras e até mesmo no pé, apresenta alto valor nutritivo, grandes quantidades de vitaminas A, B1 e C, cálcio, fósforo, ferro, potássio e fibras do tipo solúvel. Não apresenta açúcares ou muita gordura e tem quantidade pequena de calorias. A coloração da casca pode variar do verde ao amarelo, conforme sua maturação. A cor da polpa varia do branco ao vermelho, com interior preenchido por diversas pequenas sementes. Tem forma arredondada e ovalada, casca lisa ou ligeiramente enrugada.

Extremamente versátil, a goiaba pode ser consumida *in natura*, com casca, sem casca, em forma de goiabada, sucos, sorvetes, suflês, pratos salgados, doces, compotas, vitaminas, sucos feitos com a casca batida, geleias e saladas.

Há uma grande variedade de goiabas, dentre elas destacam-se:

CASCUDA DE PARIQUERA-AÇU: desenvolvida no litoral de São Paulo, na década de 1980. Apresenta frutos grandes de casca rugosa, com polpa de coloração vermelha. Seu formato é arredondado.

PALUMA: obtida a partir de um plantio com uma mistura de sementes variadas, no estado de São Paulo. Possui polpa vermelha, firme, espessa, livre de acidez e formato levemente ondulado.

GOIABA AMARELA: casca grossa, poucas sementes de polpa branca.

NUTRIENTE	QUANT.
Goiaba vermelha *(in natura)*	100 g
Calorias (kcal)	68
Carboidratos (g)	14,32
Proteínas (g)	0,91
Gorduras totais (g)	0,95
Gordura monoinsaturada (g)	0,09
Gordura saturada (g)	0,27
Cálcio (mg)	18
Fósforo (mg)	40
Ferro (mg)	0,26
Potássio (mg)	417
Fibras (g)	5,93

JABUTICABA *(MYRCIANIA CAULIFLORA)*

Jabuticaba

Originária do centro-sul do Brasil, apresenta diferentes tipos em diversas regiões do país, de clima subtropical se adapta muito bem a climas tropicais e tolera climas sujeitos a geadas de pouca duração como em alguns lugares do sul do Brasil.

As jabuticabeiras são exclusivamente brasileiras e podem ser encontradas em todos os cantos do país, em diferentes variedades, no entanto, aparecem com mais frequência nos estados de São Paulo, Minas Gerais, Rio de Janeiro, Espírito Santo e Paraná. Sua produção é quase que doméstica e em pequenas quantidades, uma vez que se trata de um fruto de difícil colheita. É possível encontrar jabuticabeiras nos quintais das casas, em sítios, ruas, etc. - sendo a fruta consumida fresca direto do pé.

Os frutos nascem por toda a extensão das árvores, nos troncos e galhos mais grossos onde aparecem flores brancas quase sésseis. Cada frutificação produz centenas de jabuticabas, que podem ser de diferentes tipos: umas desenhadas por finas estrias de cor carmim, outras de tom escuro com listras também escuras. São redondas como bolinhas de gude, às vezes um pouco maiores, como uma ameixa. A casca é preta, fina e frágil – pode ser rompida apenas com uma mordida. Sua polpa é branca, ácida e muito doce. Dentro da polpa há aproximadamente quatro pequenas sementes. A safra da jabuticaba é curta, porém, bem abundante.

É uma fruta pouco calórica com boa quantidade de vitaminas do complexo B e vitamina C, além de rica em sais minerais como cálcio, fósforo, ferro e fibras. Sua casca tem altos índices de antocianinas, pigmentos de potente ação antioxidante, ou seja, combatem os radicais livres, além de utilizados para corantes. Importante para o organismo, essa substância está presente nas frutas de cor escura, especialmente nas cascas – que podem ser consumidas em sucos, feitos com a fruta inteira, ou utilizadas para fazer geleia.

Existem de 12 a 15 variedades de jabuticaba, entre elas:

JABUTICABA SABARÁ: a mais cultivada e famosa jabuticaba, com o fruto mais apreciado e mais doce. É de origem paulista, apresenta porte grande e grande produção.

RAJADA: tem frutos grandes de cor esverdeada, muito doce e saborosa.

PONHEMA: é a melhor para produção de geleias e doces, apresenta o fruto grande.

JABUTICABA PAULISTA: tem porte maior que a Sabará e é de grande produção. Tem o fruto grande e coriáceo, com maturação tardia.

JABUTICABA BRANCA: tem o porte médio, produz fartamente, seus frutos são grandes e delicados, com coloração verde-clara.

A jabuticaba é bastante utilizada na gastronomia brasileira para fazer geleias, compotas, doces e principalmente no preparo de pratos salgados como peixe ao molho de jabuticaba, farofa de jabuticaba e em acompanhamentos de carnes vermelhas. Dela também é feito um licor caseiro bastante consumido no interior de São Paulo.

NUTRIENTE	QUANT.
Jabuticaba	100 g
Calorias (kcal)	43
Carboidratos (g)	10,8
Proteínas (g)	1
Gorduras totais (g)	0,1
Gordura monoinsaturada (g)	-
Gordura saturada (g)	-
Cálcio (mg)	13
Fósforo (mg)	14
Ferro (mg)	1,9
Potássio (mg)	-
Fibras (g)	0,3

LIMÃO-SICILIANO *(CITRUS X LIMON)*

Limão-siciliano

O limão-siciliano, assim como as outras variedades de limão e frutas ácidas, pertence ao grupo *Citrus*, que em latim significa limão.

Tem origem na Ásia - regiões entre a Índia e o sudeste do Himalaia. Há diversos relatos sobre como o limão foi levado para a Europa, alguns dizem que os romanos já conheciam a fruta, utilizando-a como medicamento, e outros afirmam que o limão foi introduzido na Europa com as primeiras navegações romanas em direção às Índias Orientais. Os *Citrus* chegaram à América junto com os europeus. Após o início da produção, o fruto se espalhou por regiões com clima de subtropical a frio. Esse tipo de limão não suporta climas tropicais e quentes. Se cultivada em locais quentes, a fruta fica com menos suco e mais casca.

Os maiores produtores mundiais de limão-siciliano são: Argentina, Espanha, Estados Unidos e Itália. O Brasil tem uma pequena produção com um aumento significativo nos últimos tempos, sendo o estado de São Paulo o maior produtor do país.

Essa variedade de limão é conhecida como o limão original, já que foi um dos primeiros limões a surgir. Aqui no Brasil, os limões foram substituídos por limas ácidas ou laranjas azedas, de casca mais fina, lisa e de cor completamente verde. São chamadas de limão já que o fruto original não se adaptou ao clima.

De casca amarela e espessa, abundante e levemente rugosa, o limão-siciliano, em relação à lima ácida (que conhecemos por limão tahiti), é maior e mais alongado. Suas extremidades são pontiagudas, tem sabor ácido e é menos suculento. A fruta tem polpa firme, com tamanho entre 7 e 12 cm e tem um aroma irresistível. Poderosa fonte de vitamina C, contém também vitamina A e vitaminas do complexo B; é rica em sais minerais como cálcio, fósforo e ferro.

O limão-siciliano é bastante utilizado na gastronomia para temperos e realce de sabor em pratos salgados e doces. Sua polpa é utilizada para compor pratos salgados, drinques e sucos. Seu sumo é utilizado para temperar principalmente carnes brancas, produzir refrigerantes, molhos e aperitivos. Já a casca é bastante utilizada na gastronomia por seu aroma forte e marcante – é acrescentada em risotos, massas, carnes e peixes; a raspa é utilizada em sobremesas para acentuar o sabor.

NUTRIENTE	QUANT.
Limão – fruta	100 g
Calorias (kcal)	29
Carboidratos (g)	8,1
Proteínas (g)	0,6
Gorduras totais (g)	0,6
Gordura monoinsaturada (g)	-
Gordura saturada (g)	-
Cálcio (mg)	41
Fósforo (mg)	15
Ferro (mg)	0,7
Potássio (mg)	1
Fibras (g)	0,6

MAÇÃ *(MALUS X DOMESICA)*

Maçã Fuji

A maçã é sempre vinculada à fruta do pecado mencionada em lendas e contos desde a Antiguidade. É citada em um conto bíblico sobre o pecado original no Velho Testamento, em que a serpente usa a maçã para atrair a atenção de Adão e Eva – a partir de então a humanidade não poderia mais viver no paraíso. De modo semelhante, a fruta aparece também no conto de fadas da Branca de Neve, em que a madrasta má enfeitiça a maçã.

Não se sabe ao certo qual a origem da maçã, nem de qual espécie é proveniente. Segundo relatos, se for derivada da espécie *Malus sylvestris*, é originária da Europa, já no caso da *Malus prunifolia*, a origem seria da Sibéria e norte da China, a *Malus pumila* é outra candidata, neste caso a origem estaria relacionada ao Cáucaso e parte da Rússia. É possível também que a maçã seja, na verdade, uma junção de todas essas espécies.

Comercialmente, a fruta começou a ser produzida no Brasil por volta dos anos 20 pelos europeus que se instalaram no sul de Minas Gerais, onde a macieira se adaptou muito bem devido ao clima temperado – similar ao europeu. Até a década de 60, porém, a maçã era um fruto raro de consumo restrito a ocasiões especiais e alimentação de crianças e pessoas enfermas.

É a fruta que mais apresenta variedades, tipos e classificações (tamanho, cor da casca, forma, consistência da polpa e aparência). A seleção é iniciada na colheita, quando são separadas por tamanho e formas. As melhores são destinadas ao comércio de frutas *in natura* e as outras, com aparência mais desgastada, são levadas à indústria alimentícia para fabricação de vinagre, sucos e bebidas alcoólicas. Desse modo, podemos dizer que há três grupos de maçã: para cozinhar, para indústria e maçã de mesa.

Podemos encontrar de 5 a 20 mil variedades, sendo 3 a 4 mil cultivadas em maior escala pelo mundo todo. As principais maçãs cultivadas no Brasil são a Gala e Fuji que representam 90% da área plantada. Os demais tipos – Eva, Golden Delicious, Brasil, Anna, Condessa, Catarina e Granny Smith, representam o restante da área cultivada. Os principais estados produtores de maçã são Santa Catarina, Rio Grande do Sul, Paraná e São Paulo.

Em relação a seu formato, é um fruto em formato globoso com uma profunda depressão no ponto de inserção da haste que o prende aos ramos. Apresenta coloração vermelha, verde ou amarela. É crocante e seu interior esbranquiçado. Tem sabor doce ou levemente ácido.

A maior parte do valor nutritivo da fruta está na casca, que deve ser consumida junto com a polpa. A maçã possui fibras solúveis (pectina) tanto na polpa quanto na casca. Por não ser absorvida pelo intestino, essa fibra realiza a proteção da mucosa intestinal, melhorando o funcionamento do intestino e auxiliando para o combate aos altos níveis de colesterol. Além disso, proporciona sensação de saciedade o que faz da maçã uma arma no combate à obesidade. Apresenta também potássio, vitaminas B1 e B2, ferro e fósforo.

Pode ser utilizada na gastronomia de diversas formas: *in natura*, com ou sem casca, cozida, assada, como acompanhamento, purê, caldas, recheios, geleias, doces, vinagre, refrigerantes, sucos e vitaminas. Com o suco fermentado também é feita uma bebida alcoólica chamada sidra. Usa-se ainda a casca no preparo de chás.

CONHEÇA DUAS IMPORTANTES VARIEDADES DE MAÇÃ

MAÇÃ GALA: tem tamanho médio, com aproximadamente 135 g com listras vermelhas sobre um fundo creme para amarelo-claro. Essa variedade cultivada no Brasil é considerada a mais saborosa, doce, colorida e aromática.

MAÇÃ FUJI: introduzida no Brasil no final dos anos 60, é resultado do cruzamento entre duas espécies, tornando-se uma variedade com polpa extradoce, refrescante e com textura suculenta. Tem tamanho grande, aproximadamente 140 g, com listras vermelhas sobre fundo verde claro e amarelo. É crocante, doce e com muito suco.

NUTRIENTE	QUANT.
Maçã Fuji com casca	100 g
Calorias (kcal)	13,39
Carboidratos (g)	0,21
Proteínas (g)	0,21
Gorduras totais (g)	0,72
Gordura monoinsaturada (g)	-
Gordura saturada (g)	-
Cálcio (mg)	6
Fósforo (mg)	10
Ferro (mg)	0,4
Potássio (mg)	113
Fibras (g)	2,14

MANGA *(MANGIFERA INDICA)*

Manga Tommy

Planta natural da Índia, onde se aproveita 100% da fruta, inclusive seu caroço que é seco e depois moído para ser utilizado como farinha – acredita-se ser bem nutritiva. Os portugueses, quando iniciaram suas viagens pelas rotas comerciais marítimas, descobriram o uso da manga na Índia e então a levaram para o resto do mundo. As costas leste e oeste da África foram as que primeiro receberam o fruto, seguidas pelo Brasil. A primeira região brasileira a ganhar esse presente dos portugueses foi a Bahia. Hoje é produzida em todo o território brasileiro e países de clima tropical e equatorial.

A mangueira tem tanta importância na Índia que Buda ganhou um pomar com mais de dez mil mangueiras para meditar em paz e harmonia. Além da fruta suculenta, utilizada também como remédio, a mangueira oferece bastante sombra, uma vez que sua copa atinge mais de 10 metros de altura.

Dizem que a mangueira foi a árvore estrangeira que mais se adaptou ao clima brasileiro, podendo ser vista em todos os cantos de clima tropical, em quintais, sítios e nas ruas, fazendo a alegria da criançada que não vê a hora da frutificação para então comer a manga no próprio pé, lambuzando-se e sentindo seu perfume irresistível. A cidade mais famosa por plantar manga é Belém, que cultiva diversas variedades da fruta. Outra cidade que também possui vasta plantação de manga é o Rio de Janeiro que tem até bairro, estações de trens e escola de samba com o nome de Mangueira.

Os principais produtores de manga no Brasil são os estados de São Paulo e Minas Gerais. Juntos são responsáveis por cerca de 50% da área total plantada e 25% do total produzido. Em seguida, ganha destaque a região nordeste com Bahia, Pernambuco, Piauí e Ceará.

É uma fruta de polpa carnuda, gostosa, perfumada, consistente, cheia de água e de açúcares. Sua casca é elástica e resistente, a cor varia do verde para o amarelo, rosa ou púrpura; com pontos pretos ou não. A coloração da polpa vai do tom limão ao laranja. As características dependem tanto da variedade quanto da região que é cultivada. É um fruto do tipo drupa, de formato sub-codiforme, polpa carnosa, comestível, fibrosa em algumas variedades e com semente achatada de tamanho variável.

Excelente fonte de vitamina A e açúcares, a manga é rica em vitamina C, vitaminas do complexo B, B1, B2 e B3, assim como em sais minerais (cálcio, ferro, potássio, magnésio, fósforo) e fibras. A quantidade de vitaminas na fruta varia de acordo com sua maturação. A fruta mais madura tem maior quantidade de vitamina A e a mais verde possui mais quantidade de vitamina C.

Com a fruta é possível realizar inúmeras receitas, doces e salgadas. Na culinária, a manga aparece em molhos picantes, sorvetes, picles, *carpaccio* de manga com gengibre, cozida, *in natura*, geleias, compotas, molhos, caldas e recheios. Na Índia é feito um *chutney* de manga (manga cozida com temperos indianos). Da casca é feito um chá para uso medicinal.

SAIBA MAIS SOBRE TRÊS VARIEDADES DE MANGA

TOMMY AAKINS: frutos médios a grandes (de 400 e 700 g), cor amarela ou vermelha, superfície lisa, casca grossa e resistente. De excelente sabor, doce e pouca fibra.

HADEN: frutos médios a grandes (de 400 a 600 g), coloração amarelo-rosada, polpa com bastante suco, sem fibras e doce. Tem a semente pequena.

KEITT: frutos grandes (de 600 a 900 g), a cor é um amarelo intenso, sem fibras, com bastante suco e semente pequena. Planta pouco produtiva.

A variedade utilizada nas receitas deste livro é a Haden, que deve ser madura, porém não pode estar com as manchas pretas em sua epiderme, o que indica que o grau de maturação está elevado. Ela deve ser firme e fibrosa. Antes de cortar e misturar os ingredientes, experimente a manga e veja se ela apresenta um sabor adocicado. O sabor e a consistência da fruta interferem no resultado da sua receita.

NUTRIENTE	QUANT.
Manga Haden	100 g
Calorias (kcal)	48,4
Carboidratos (g)	10,69
Proteínas (g)	0,42
Gorduras totais (g)	0,44
Gordura monoinsaturada (g)	0,13
Gordura saturada (g)	0,08
Cálcio (mg)	12
Fósforo (mg)	12
Ferro (mg)	0,8
Potássio (mg)	156
Fibras (g)	2,34

MARACUJÁ AZEDO *(MANGIFERA INDICA)*

Maracujá-azedo

Fruta de origem brasileira, conhecida pelos seus belos frutos e flores exóticas que emanam beleza a todos que passam por um pé de maracujá – que segue rasteiro, enroscando-se em tudo que está à sua volta. Suas flores são belas, de coloração roxa nunca vista antes em nenhuma outra espécie vegetal. Os portugueses, quando chegaram ao Brasil e se depararam com as flores de maracujá, chamaram-nas de "flor-da-paixão" – devido a algumas características que fariam alusão à Paixão de Cristo.

O maracujá, do tupi-guarani *mara kuya* – que significa "alimento da cuia", é conhecido no mundo em mais de 500 espécies, 150 delas são nativas do Brasil e estão espalhadas pela mata tropical. Porém apenas quatro ou cinco são cultivadas para fins comerciais. Algumas variedades não comestíveis são cultivadas apenas para fins ornamentais.

Muito antes da chegada dos europeus, os índios já utilizavam o maracujá como alimento e também como medicamento que, segundo eles, tem efeito anti-inflamatório e relaxante. Após anos de estudo, foram descobertas propriedades funcionais na casca da fruta que possui efeito sedativo.

É um fruto de forma redonda ou elíptica, com casca espessa de coloração verde, amarelada ou alaranjada - com mancha verde-clara, de acordo com a espécie. Suas sementes são achatadas, pretas e envolvidas por um composto de textura gelatinosa e coloração amarelada e translúcida, comestível. Fruta de clima tropical que gosta de chuva e sol – pelo menos doze horas de sol por dia. Nessas condições frutifica o ano todo. O fruto varia entre o mínimo de 5 a 7 cm a até 25 cm de comprimento. O maracujá é bastante ácido, mas algumas espécies são doces.

O Brasil é hoje o maior produtor e consumidor da fruta. Destaca-se o estado do Pará, com mais de um terço da produção nacional. Em seguida merece destaque a região nordeste com os estados da Bahia, Sergipe e Ceará. O sudeste, responsável por um quarto da produção, tem o estado de São Paulo como líder no cultivo da fruta na região.

As variedades mais conhecidas e de maior aplicação comercial são o maracujá-amarelo e o maracujá-roxo, que pertencem à mesma espécie de formato redondo, quase perfeito, e o maracujá-doce, que tem a forma semelhante à de um pequeno mamão.

O maracujá-amarelo (ou maracujá-azedo) é o mais conhecido pelos brasileiros. O fruto pode ser obtido o ano inteiro, é amarelo e possui pequenas sementes de cor amarronzada. O melhor momento para consumi-lo é quando sua casca enruga completamente. Então é só abrir e desfrutar do sabor suculento e azedinho da polpa.

O maracujá-roxo é bem redondo e menor que o maracujá-amarelo. Contém menos ácido do que o outro e é delicioso para o consumo *in natura*. Prefere os climas subtropicais.

NUTRIENTE	QUANT.
Maracujá azedo	100 g
Calorias (kcal)	37,45
Carboidratos (g)	7,64
Proteínas (g)	1,25
Gorduras totais (g)	2,1
Gordura monoinsaturada (g)	-
Gordura saturada (g)	-
Cálcio (mg)	5
Fósforo (mg)	51
Ferro (mg)	0,6
Potássio (mg)	338
Fibras (g)	1,1

MORANGO *(FRAGARIA VESCA)*

Morango

Fruta silvestre de sabor e aroma inigualáveis encontrada em campos e matas pelo mundo. Na natureza, eram irregulares e pequenos, além disso, os pés não produziam com exatidão. Esses fatores, somados à pouca abundância quando floresciam, deixavam os amantes do morango passando vontade. Para controlar a produção, os morangueiros foram levados pelos colonos que passaram a plantar nas hortas de suas casas.

Cada país produzia um tipo de morango. Colonizadores europeus levaram um pouco do morango da América do Norte e do Chile para seus países. Iniciaram-se então estudos e experiências para deixar o morango mais atraente, além de uma forma de produção em grande quantidade para que o fruto se tornasse uma fonte de renda. Acredita-se que o morango atual, grande e carnudo, seja resultado de um cruzamento entre espécies.

No Brasil, a cultura do morango iniciou-se por volta de 1960 com o lançamento do "Cultivar Campinas", na cidade paulista que dá nome ao programa. Desde então, a produção dessa fruta não parou mais. Atualmente, estudos buscam obter variedades de morango que sejam adequados ao plantio em climas quentes e úmidos, o que permitiria a expansão da fruta e, consequentemente, aumento da produção.

O morango se adapta melhor a regiões de clima temperado e subtropical, porém as inúmeras variedades permitem aos agricultores cultivarem a mais adequada ao solo e ao clima de cada região. Trata-se de uma fruta extremamente sensível às pragas, exigindo que o agricultor escolha o tipo de morango ideal para sua horta.

No Brasil, os principais estados produtores são Minas Gerais, Rio Grande do Sul e São Paulo. Destacam-se também os estados do Paraná, Espírito Santo, Santa Catarina, Distrito Federal, Goiás e Rio de Janeiro.

CONHEÇA ALGUMAS VARIEDADES DE MORANGO

CAMPINAS: possui frutos vermelhos, rosados e brilhantes. São grandes e saborosos e com polpa rosada. Mais utilizados para o consumo ao natural.

MONTE ALEGRE: é vermelho por fora e por dentro. Não tão grande quando o morango Campinas, é considerado uma variedade de porte médio. Possui sabor um tanto adocicado e um pouco ácido. É um dos tipos preferidos para a produção de geleias, sorvetes e similares.

VILA NOVA: fruto de formato cônico, longo e porte graúdo. Apresenta sabor subácido, aroma intenso com polpa e epiderme avermelhadas.

Fruto vermelho de sabor agradável, o morango fornece quantidades significativas de vitamina C e fibras, além de vitaminas A, B1, B2, B5 e sais minerais como potássio, sódio, cálcio, fósforo, ferro e cloro.

Pode ser utilizado de diversas maneiras na culinária: *in natura*; com açúcar, chantili ou creme de leite; em recheios de tortas e doces; sucos; geleias; licores e também em pratos salgados temperados com pimenta, entre outros.

NUTRIENTE	QUANT.
Morango	100 g
Calorias (kcal)	32
Carboidratos (g)	7,68
Proteínas (g)	0,67
Gorduras totais (g)	0,3
Gordura monoinsaturada (g)	0,04
Gordura saturada (g)	0,02
Cálcio (mg)	16
Fósforo (mg)	24
Ferro (mg)	0,42
Potássio (mg)	153
Fibras (g)	2

NÊSPERA *(ERIOBOTRYA JAPONICA)*

Nêspera

Fruta asiática, a nêspera é originária da China. Porém foi o Japão o primeiro a atribuir-lhe uso como alimento. Por conta disso, o país é referenciado no nome científico da nêspera (*Eriobotrya japonica*). No Brasil, o cultivo iniciou-se por volta da década de 1940, no estado de São Paulo – precisamente na cidade de Mogi das Cruzes.

Atualmente, o Brasil é um dos maiores produtores mundiais de nêspera, perdendo apenas para Japão, Espanha e Israel. Mogi das Cruzes é responsável por mais de 83% do cultivo brasileiro. As frutas em melhor estado são comercializadas, as demais são utilizadas pelos próprios produtores na fabricação de licores e geleias.

Em relação às condições climáticas, pode-se dizer que a nêspera é uma fruta equilibrada. A quantidade de chuva e a temperatura não devem ser nem muito excessivas nem muito baixas. O sudeste do Brasil é a região ideal para sua produção, sendo que não é necessário regar os pés durante a frutificação.

Conhecida como nêspera brasileira, ameixa-do-japão ou ameixa-amarela, a fruta pertence à família das rosáceas, à qual pertencem a ameixa comum e outras frutas como o pêssego. Fruta pequena, de cor amarela e casca aveludada, a nêspera pode ser levemente alongada, ovalada ou globosa, dependendo da espécie. Sua polpa é amarela ou laranja, firme, doce e levemente ácida. Possui de três a sete sementes na cor marrom. Pesa de 30 a 80 g em média.

Fruta rica em vitamina C, vitamina A e sais minerais como cálcio, fósforo, potássio. Tem importante quantidade de fibras para o organismo.

HÁ DIVERSOS TIPOS DE NÊSPERA, ENTRE ELES

MIZUHO: obtida no Japão, foi introduzida em São Paulo por volta da década de 1950. São frutas grandes, oval-arredondadas e de coloração amarelo-alaranjada. Polpa delicada, com bastante suco e de sabor adocicado com leve acidez. Possui grande número de sementes. Frutifica o ano todo.

NÉCTAR DE CRISTAL: fruto com tamanho médio, bem arredondado, cavidade pequena e rasa, cor amarelo-viva e casca limpa. Sua polpa é de espessura média, branco-creme bem brilhante, macia e suculenta. Seu sabor é doce e mais ácido, tem aroma dos mais agradáveis. Por ser uma fruta delicada, deve ser consumida logo que é colhida.

MIZAUTO: fruto graúdo (em média 60 g), oval-piriforme, coloração bem alaranjada, pouco sujeita a mancha arroxeada e de aspecto atraente. Polpa espessa, laranja-clara, de consistência média e suculenta. Sementes de tamanho médio, em número de quatro a seis por fruto. A variedade mizauto assemelha-se à mizuho no seu aspecto vegetativo, produtivo e também no paladar.

A nêspera, quando utilizada para a receita, deve ser madura e firme. Descasque e retire tanto as sementes quanto a membrana branca interna. Utilize nêsperas com sabor adocicado.

NUTRIENTE	QUANT.
Nêspera	100 g
Calorias (kcal)	43
Carboidratos (g)	11,5
Proteínas (g)	0,3
Gorduras totais (g)	-
Gordura monoinsaturada (g)	-
Gordura saturada (g)	-
Cálcio (mg)	20
Fósforo (mg)	10
Ferro (mg)	0,1
Potássio (mg)	113
Fibras (g)	3

PERA *(PYRUS)*

Pera Williams

É um fruto da pereira, originária da região mediterrânea, com referências a Europa Central, China, Japão e Indonésia. Há mais de duas mil variedades de pera pelo mundo, porém só algumas espécies são próprias para o consumo, as outras são apenas ornamentais.

Seu formato vai das que lembram um sino às redondas e pequenas como uma maçã, dependendo da variedade. Seu tamanho varia de 6 a 15 cm de comprimento. Já sua coloração muda de acordo com a maturação e pode ser amarela, verde ou vermelha. Geralmente ela é verde por fora e branca por dentro. Apresenta textura macia, dura ou granulosa, alterando conforme a variedade.

Uma fruta bem apreciada pela população brasileira, mas não tanto quanto pelos europeus. É apreciada por sua textura leve e suculenta, sabor adocicado e perfume inconfundível.

No Brasil, o cultivo é mais comum nas regiões Sul e Sudeste, devido ao clima temperado ao qual a pereira se adapta melhor e é mais produtiva. Destacam-se no cultivo da pera os estados do Rio Grande do Sul, Espírito Santo, São Paulo, Santa Catarina, Paraná e Minas Gerais.

Essa fruta é indicada a pessoas que fazem dieta por ser leve e conter muitos sais minerais, tais como sódio, potássio, cálcio, fósforo, enxofre, magnésio, silicio e ferro; além de conter quantidades significativas de fibras, o que proporciona uma sensação de saciedade, diminuindo e controlando a fome. Contém vitaminas do complexo B, vitamina C e A.

Seu consumo é indicado *in natura* com casca, mas pode ser consumida de diversas formas: fresca sem casca, cozida, em tortas, recheios, molhos de pratos salgados, entre outras opções deliciosas.

As variedades mais consumidas e conhecidas no Brasil são pera Williams, pera Packham's Triumph, pera-de-pé-curto, pera-rocha e a pera red.

WILLIAMS: é a variedade mais consumida no Brasil, com características organolépticas apreciadas no mundo inteiro e muito apta para processamento. É necessário tomar muito cuidado com a colheita dessa variedade. Se for colhida muito verde, a fruta pode murchar em câmara fria; porém, se for colhida um pouco madura, a sua conservação em câmara é reduzida drasticamente e sua vida de prateleira se torna curta, causando sérios problemas de descarte para o produtor ou embalador. Ela é mais dura e mais ácida do que outras variedades.

PACKHAM'S TRIUMPH: é uma das variedades mais antigas plantadas no Brasil. Possui epiderme de coloração esverdeada ondulada e boas características organolépticas.

PERA-ROCHA: variedade portuguesa em forte expansão no Brasil. Tem ampla aceitação pelo consumidor brasileiro e internacional. Pelo seu sabor e aspectos distintos, atualmente não concorre com outras peras produzidas e importadas da América do Sul, principais fornecedores de peras para o Brasil. Aparentemente exige menos frio que outras variedades europeias. Maturação em fevereiro. Fruta doce com características típicas.

Quando a pera é levada a cozimento, deve ser firme para que não desmanche e não perca suas características organolépticas. Seu sabor deve ser adocicado para que a receita fique saborosa.

NUTRIENTE	QUANT.
Pera	100 g
Calorias (kcal)	58
Carboidratos (g)	15,5
Proteinas (g)	0,87
Gorduras totais (g)	0,12
Gordura monoinsaturada (g)	0,02
Gordura saturada (g)	0,01
Cálcio (mg)	9
Fósforo (mg)	11
Ferro (mg)	0,17
Potássio (mg)	119
Fibras (g)	3,1

ROMÃ (PUNICA GRANATUM L.)

Romã

Acredita-se que a romã seja a fruta cultivada mais antiga do mundo. Há relatos e pinturas datados de 2000 a.C. De origem islâmica, a romã é cercada de mitos e crenças desde os tempos mais antigos.

Na Turquia, logo após o casamento, a noiva atira uma romã ao chão, partindo-a. De acordo com o costume, a quantidade de sementes que rolarem será o número de filhos que o casal terá. Para os gregos, a romã simboliza a fertilidade, já que cada fruto possui inúmeras sementes. Os judeus têm grande devoção pela fruta, deixando as sementes embaixo do travesseiro enquanto dormem no Ano-Novo judaico. Eles acreditam que o ritual traz riqueza, saúde e sorte. Alguns brasileiros creem na relação entre guardar sementes de romã na carteira durante a virada do ano e a prosperidade financeira.

A polpa da fruta se divide de quatro a oito alvéolos que contêm dezenas de sementes alongadas e angulosas, protegidas pela massa transparente e vítrea, vermelha ou rosa e de sabor meio azedo.

É uma fruta rica em vitaminas do complexo B, vitamina C, A e E. Contém minerais como potássio, cálcio, ferro, ácido fólico e ainda fibras alimentares.

Fruta consumida *in natura*, utilizada também para a fabricação de xarope (Grenadine) – produção iniciada no México. Da sua casca é utilizado o tanino para curtir couro; é também bastante utilizada na medicina popular.

VARIEDADES DE ROMÃ

ROMÃ VERMELHA: é uma variedade canadense, tem menor quantidade de sementes, a casca é mais fina e a parte carnosa é maior.

ROMÃ AMARELA: variedade nacional, tem maior quantidade de sementes, apresenta casca mais grossa e parte carnosa mais fina.

NUTRIENTE	QUANT.
Romã	100 g
Calorias (kcal)	56
Carboidratos (g)	15
Proteínas (g)	-
Gorduras totais (g)	-
Gordura monoinsaturada (g)	-
Gordura saturada (g)	-
Cálcio (mg)	5
Fósforo (mg)	40
Ferro (mg)	0,3
Potássio (mg)	485
Fibras (g)	0,4

TAMARINDO *(TAMARINDUS INDICA)*

Tamarindo

De origem afriana e a asiática, chegou ao Brasil pelos navios portugueses e se adaptou tão bem ao clima do Norte e Nordeste brasileiros que hoje faz parte da cultura e da vida das pessoas. Sua árvore, o tamarindeiro, é bastante utilizada também como planta ornamental. Graças a sua beleza e produção de sombra, está presente nas casas e estradas.

O tamarindo é uma vagem revestida por uma casca não muito grossa, porém dura e quebradiça. No seu interior, as sementes são envolvidas por uma polpa avermelhada, fibrosa, pegajosa e com alto teor de ácido tartárico - utilizado na indústria alimentícia como acidulante (também presente nas uvas, o ácido tartárico é o principal ácido dos vinhos).

As características do tamarindo variam de acordo com o local e o tempo de colheita. Cada vagem, que costuma medir de 2,5 a 17,5 cm e pesar entre 10 e 15 g, apresenta até dez sementes.

O tamarindeiro é encontrado em muitos países da Ásia, África e America do Sul, locais em que a árvore possui várias funções: é fonte de madeira para madeireiras, fornece frutos para alimentação e, das sementes e das folhas, é feito chá. É utilizado também em extratos medicinais para medicamentos contra a prisão de ventre devido à sua função laxativa.

Há diversas variedades cultiváveis que podem ser divididas entre ácidas e doces. A maioria dos países cultiva as frutas com característica ácida, que possuem facilidade de se desenvolverem em climas quentes. As variedades doces não são mais encontradas.

O tamarindo é rico em vitaminas A, C e vitaminas do complexo B como B1 e B2. Oferece alguns sais minerais, cálcio, fósforo, ferro e potássio, além da pectina – um tipo de fibra solúvel.

O fruto é utilizado na fabricação de refrescos, sorvetes, pastas, doces, licores e polpas. De aroma ligeiramente açucarado com sabor ácido e frutado, é utilizado na Índia em molhos, picles e *chutneys*. Na Tailândia é um condimento para as sopas ácidas e picantes; nas Antilhas e no Brasil é utilizado como xarope, em sucos e refrescos e em sobremesas. Na Jamaica, é acrescentado ao arroz, a pratos de cozimento lento, utilizado em sobremesas e também nas geleias. No Ocidente o tamarindo importado serve para fabricar condimentos como o molho Worcestershire. As folhas do tamarindo dão tinturas vermelhas e amarelas.

Ao preparar a receita com tamarindo, escolha frutos maduros. Pressione a parte de cima da vagem. Se estourar, significa que está maduro o suficiente.

NUTRIENTE	QUANT.
Tamarindo	100 g
Calorias (kcal)	239
Carboidratos (g)	62,5
Proteínas (g)	2,8
Gorduras totais (g)	0,6
Gordura monoinsaturada (g)	0,18
Gordura saturada (g)	0,27
Cálcio (mg)	74
Fósforo (mg)	113
Ferro (mg)	2,8
Potássio (mg)	628
Fibras (g)	5,1

TANGERINA *(CITRUS RETICULATA)*

Tangerina

As tangerinas fazem parte de um grupo chamado cítrus, que engloba laranjas, limas e limões, dentre outras frutas. Há uma grande variação de tangerina, dentre elas estão as poncã, poncã extra e mexerica-cravo. De acordo com cada região do Brasil, a tangerina recebe um nome diferente. No Rio Grande do Sul, é popularmente conhecida como bergamota. Em São Paulo, é conhecida como mexerica. Em alguns estados da região Nordeste, é conhecida como laranja-cravo.

É uma fruta de fácil adaptação climática, do quente ao frio, porém os frutos produzidos nos climas mais frios, em geral, são mais ácidos e apresentam coloração da casca e do suco mais intensa. Já quando cultivados em clima quente, ficam mais doces. É um fruto tipo baga, grande, arredondado, de casca fina, alaranjado ou avermelhado e polpa contendo sementes pequenas. O nome da espécie refere-se à rede irregular de fibras que a casca apresenta internamente. É a única fruta do grupo cítrus que não tem a membrana branca e grossa entre a casca e a polpa, mas apenas fibras protetoras.

A árvore produtora de tangerina tem tamanho médio e é espinhosa, com copa cheia e arredondada, formada por folhas pequenas de cor verde-escura. As flores, de perfume suave, são brancas e pequenas. O fruto é marcado por sua praticidade ao descascar e seu aroma intenso e característico.

Os maiores produtores são China, Espanha e Japão que em conjunto são responsáveis por 62% do total mundialmente produzido, seguidos por Brasil, Coreia, Paquistão, Itália, Turquia, Egito e Estados Unidos. No Brasil, o maior produtor de tangerinas é o estado de São Paulo, especialmente nas variedades poncã e cravo. Os frutos produzidos são utilizados principalmente para o cosumo *in natura*, outra parte vai para a indústria de sucos, óleos essenciais, pectina e rações.

Boa fonte de vitaminas A e C, a tangerina oferece também sais minerais como cálcio, potássio e fósforo. É considerada grande fonte de magnésio. Proporciona ao organismo quantidades significativas de fibras, desde que seja consumida com o bagaço.

Na botânica, existem muitas variedades e tipos de tangerina. Comercialmente podemos separá-las nos seguintes grupos:

TANGERINA SATSUMA: originária do Japão que, seguido pela Espanha, tem a maior parte de sua produção. É a variedade mais resistente ao frio. Por não conter sementes é bastante utilizada na indústria para a produção de tangerina em calda de açúcar.

TANGERINA CLEMENTINA: com fruto entre pequeno e médio, a tangerina Clementina possui produtividade alternada, o que a torna pouco adequada a comercialização.

TANGERINA COMUM: é de origem mediterrânea e possui boas características organolépticas. Contém sementes e é de difícil conservação, tendo pouca importância no mercado mundial.

TANGERINA HÍBRIDA: é resultado do cruzamento entre espécies do grupo cítrus.

ALGUMAS VARIEDADES DAS CLASSIFICAÇÕES ACIMA

OWARI: pertence ao grupo das satsumas. São de tamanho pequeno a médio. Têm bastante sumo, tom laranja-escuro, com forma achatada e de qualidade fraca.

FINA: pertence ao grupo das clementinas, é um fruto pequeno, com boa qualidade e alto teor de sumo. É doce, com um bom nível de acidez, e não possui sementes. Tem um forte e agradável aroma.

ORTANIQUE: resulta do cruzamento entre laranja e tangerina. O fruto é grande, com poucas sementes e casca vermelho-alaranjada.

NUTRIENTE	QUANT.
Tangerina	100 g
Calorias (kcal)	38
Carboidratos (g)	9,6
Proteínas (g)	0,8
Gorduras totais (g)	0,1
Gordura monoinsaturada (g)	-
Gordura saturada (g)	-
Cálcio (mg)	13
Fósforo (mg)	12
Ferro (mg)	0,1
Potássio (mg)	131
Fibras (g)	0,9